조선의 유토피아 십승지를 걷다

정감록이 예언한
신비의 땅 열 곳을 가다

조선의 유토피아 십승지를 걷다

남민 지음

믹스커피
MIXCOFFEE

독자들에게 사랑을 받아온 인문여행서 『정감록이 예언한 십승지 마을을 찾아 떠나다』는 그 시절 한 차례의 역할을 끝내면서 절판되었다. 하지만 이후 십승지 역사 탐방 여행에 불을 지폈고, 독자들의 성원에 힘입어 이 책은 개정판 『조선의 유토피아 십승지를 걷다』로 다시 독자들을 찾아가게 되었다.

십승지마을이 속해 있는 전국의 지자체에서도 저마다 특유의 관광 프로그램을 개발·육성하고 있다. 이에 따라 개정판 『조선의 유토피아 십승지를 걷다』는 많은 국민들의 십승지에 대한 관심과 함께 어우러져 우리 조상들이 살았던 시대상을 엿볼 수 있는 콘텐츠가 되었다. 그리고 변화하는 시대에 맞는 내용으로 가다듬어 새로운 출판사에서 다시 태어났다.

첨단과학 문명이 발달한 오늘날의 시각으로 보면 십승지 이야기가 다소 격리된 세상의 일로 여겨질 수도 있다. 하지만 지금 이 순간 우리의 생활상을 수백 년 후의 후손들이 돌아다볼 때도 똑같은 느낌으로 바라볼 것이다. 인간의 삶이 항상 과학적이고 수리적인 계산 속에서 영위되고 해석되는 것은 아니다. 그래서 세상에는 불가사의란 것이 있다. 그 과학과 수학으로도 풀지 못하는 신비의 세계가 우리의 삶과 함께해왔다.

모쪼록 우리 조상들의 삶의 현장이었던 십승지를 통해 이 책이 독자들에게 상상력을 풍부하게 심어주고, 사고의 영역을 넓혀주며, 꿈과 희망의 샘이 되고, 정서를 함양하는 작은 밀알이 되기를 기대해본다.

나는 누구이며, 지금 어디에 있는가?

유명한 정신과 의사가 강원도 두메산골에 '현대판 정감록촌'을 만들었다. 스마트폰 없이는 단 하루도 견딜 수 없다는 현대인들의 삶에 시대를 거슬러 올라가는 '역주행 캠프'를 조성한 셈이다. 그곳은 '겹겹이 산으로 막혀 출구가 완전히 가려져 있고 바깥세상에서 전쟁이 일어나도 알 수 없는 은거지'라고 표현할 수 있다. 당연히 휴대전화도 안 터지고 TV나 인터넷, 신문도 구경할 수 없는 곳이다. 이쯤 되면 조선시대 때 은둔해 살던 바로 그 십승지마을이다.

현대 문명의 이기에서 완전히 무장해제된 채 현대판 십승지마을에서 숙식하며 힐링하려는 도시민들이 길게 줄을 서 있다. 그들은 왜 스마트폰을 끄고 그곳에 들어가려 하는 걸까? 완전히 사라진 줄로만 알았던 '은둔 십승지마을'이 21세기에 들어와 인공적으로 새롭게 부활했다. 옛날엔 '목숨을 부지할 수 있는 곳'이었다면 오늘날은 '힐링, 치유하기 위한 곳'의 성격이다.

하지만 이 역시 궁극적으로는 '살기 위함'이다. 이 의사도 '살기 위해' 그곳에 들어갔음을 숨기지 않았다. 시대는 변해도 사람이 살아가며 갈구하는 기저의 본능까지는 변하지 않음을 보여준다. 이 책의 십승지마을 탐방은 그래서 특별한 의미를 부여하고 싶다.

필자 역시 어느 날부터인가 홀연히 짐을 싸 1박 2일간 홀로 떠나기 시작했다. 그렇게 시작한 일이 벌써 10년을 훌쩍 넘었다. 토요일 꼭두새벽에 출발해 일요일 저녁에 돌아오는 여행이었기 때문에 1년 365일 집에 편히 있어본 적이 없다.

처음에는 그저 힐링에 목말라 했던 몸과 마음의 '본능적 반응'을 따라 발길 닿는 곳에서 사색과 명상으로 시간을 보냈다. 가고 싶은 곳으로 가고 멈추고 싶은 곳에서 멈추는 이 시간만큼은 필자만의 시간과 공간 속으로의 여행이었다. 그러던 중 아주 조금씩 '나를 비우는' 시간을 갖기 시작했다.

지금까지 어쩌면 나를 채우기 위한 부질없는 욕망으로 살아왔는지도 모를 지나간 시간들을 반추하기에 이르렀다. 당연히 가족을 위해 살아야 했고 직장생활에 충실해야 했던 한 구성원이었고 그

일들은 소중했다. 하지만 또 다른 목마름이 시작되었다. 내 자신이 누구인지에 대한…. 그 '우물'은 스스로 파야 했다. 그것은 일주일 중 닷새는 도시, 이틀은 시골에서 지내는 '5도2촌五都二村'이자 닷새는 빠르게, 이틀은 느리게 사는 '5속2서五速二徐'의 생활이었다. '5'는 몸이 먹고 살아야 하는 숫자요, '2'는 황폐화된 정신을 살리는 숫자였다. '잠들었던 이틀'을 깨운 것이다.

방랑시인 김삿갓이 술을 벗 삼아 세상을 주유하던 어느 날, 샘물에 비친 자신의 모습을 바라보고는 "세상사 겨우 알 만하니 어느새 백발이 되었구나世事纔知白髮新"라며 '인생무상'을 노래한 시구가 새삼 떠올랐다. 어쩌면 필자도 '살기 위해' 떠나기 시작했는지도 모르겠다. 그렇게 전국의 구석구석을 헤집으며 필자만의 시각으로 글을 쓰기 시작했고 마침내 이 책을 내기에 이르렀다.

이 책은 학술서적이 아닌 역사 속 인물들의 발자취를 따라 힐링 명소를 찾아가는 '역사기행서'이자 '감성여행서'다. 선각자들의 지식을 빌려 미흡한 공부를 하고 현장을 찾아가 향토사학자와 마을 원로들에게 탐문하면서 스토리를 완성해나갔다. 그 때문에 이 책의 역사 속 이야기는 정사와 야사, 구전, 그리고 실제 살아온 사람들의 사례가 공존한다.

이 여행을 통해 수많은 역사 속 인물들과 호흡할 기회를 갖게 된 것이 필자의 큰 보람 중 하나다. 그들의 애절했던 삶, 높은 벼슬을 버리고 은둔해야 했던 시대와 사연을 조명해볼 수 있었다. 자신의 몸을 바쳐 풍전등화의 국가만을 걱정하던 재상이 붕당정치의 권력욕에 사로잡힌 파벌들에 의해 정치적 희생양이 되어 십승지마을로 은둔하는 사례는 필자에게도 묘한 여운을 남겼다.

오늘날에도 정치인이나 크고 작은 조직 내에서도 이러한 모함과 암투는 어렵잖게 볼 수 있다. 그래서 현대인 역시 힐링에 목말라 하는 것이 아닐까. 그러나 은둔했다고 해서 조용히 살다가 생을 마감한 것은 아니었다. 국보 제132호 『징비록』도 서애 류성룡 선생이 이 은둔의 땅에서 일정 부분 집필한 것으로 전해졌고, 반계 유형원은 서울 집을 버리고 우반동에 은거하며 19년간 대작 『반계수록』을 완성해냈다. 허균도 십승지에서 『홍길동전』의 씨앗을 뿌려나갔다. 사람을 살리는 땅이니 무슨 일인들 못했으랴.

십승지마을이 품어온 사람들과 그들의 애절한 이야기가 필자에게 새로운 정신적 자양분이 되어주었다. 그리고 그 고장은 보통의 고장이 아님도 알게 되었다. 혜안을 가진 선조들이 지목했던 십승지는 21세기의 오늘, 아니 우리 후손 대대로 사람을 살리는 영험스런 땅으로 이어갈 것이라고 확신한다. 그 땅의 기운이 말해주었다.

이 책은 두 가지 지향점을 향해 쓰고자 했다. 인문 교양서로서 읽는 재미가 있어야 한다는 것과 읽어서 유익해야 한다는 것이다. 이 두 가지를 위해 애를 썼지만 이는 필자의 욕심이었을 뿐, 그 평가는 전적으로 독자들의 판단에 맡길 수밖에 없다.

주말마다 답사를 다니고 글을 써야 했기에 어려움이 컸지만 무엇보다 이 책이 탄생한 데는 결정적인 세 분의 도움이 있었다.

먼저 필자가 〈헤럴드경제〉에서 기자 생활을 할 때 이영만 대표께서 "정감록 십승지마을을 한번 다녀봐라."라며 툭 던지셨다. 얼떨결에 "예."라고 했지만 황량한 그곳에 가서 무엇을 해야 할지 막막했다. 많은 어려움이 있었지만 우여곡절 끝에 탐방 답사가 시작되었다. 그리고 수없이 답사와 재답사를 거쳐 이 책이 나올 수 있었다.

두 번째는 비가 오나 눈이 오나 주말마다 평균 600~700km 거리를 손수 운전하며 떠나는 것을 누구보다도 염려하며, 다 잘될 것이고 꼭 해낼 것으로 믿는다며 격려를 아끼지 않으신 당시 전창협 〈헤럴드경제〉 디지털콘텐츠 편집장이시다. 1년 내내 금요일만 되면 단한 번도 빠뜨리지 않고 항상 두 손 모아 무사운전과 성과를 기원해주신 분이다. 여러 어려움에 직면할 때마다 극복할 수 있었던 힘의 원천을 제공해주셨다.

세 번째는 1년 내내 집을 비워도 '용서'해준 어진 아내 오재분이다. 어느 날 가공할 격랑의 소용돌이 속에서 신음하던 중 가장으로서 쉽지 않은 결단을 내릴 수 있게 도와주었고, 이것이 유일한 탈출구임을 공감하고 이해해주며 현관문을 다소곳이 열어준 고마운 아내다.

이처럼 이 책은 애초부터 이 세 분의 합심으로 이루어진 결과물이기에 정중히 이 책의 의미를 세 분께 헌정하고자 한다. 집을 비운 사이 든든하게 지켜준 당시 대학생이었던 두 아들, 지훈과 지환에게 고마움과 미안함을 지면으로 전하고 싶다.

더불어 인터넷에서 필자의 글을 접하고 꾸준히 읽어오다 그냥 보기에 미안해 필자의 건강과 체력 관리를 책임지겠다며 영양제를 수년째 잊지 않고 보내주시는 팬 김선용 이사님의 성원에도 큰 빚을 졌다.

마지막으로 주말임에도 어렵게 시간을 내어 십승지마을의 답사에 동행해주시고 자신의 경험담과 옛이야기까지 깊이 연구해서 들려주신 현장의 모든 '스승'들께 머리 숙여 경의를 표하고자 한다.

길 위에서 만나는 작가,

남민

1부   **한국에는 십승지라는 유토피아가 있다**

1부

한국에는
십승지라는
유토피아가 있다

한국에는 이상향이 있었을까?

진시황秦始皇은 기원전 221년에 천하를 통일하고 전제군주 정치를 강화하면서 백성들을 잔혹하게 도륙했다. 그의 1인 독재정치는 수레로 사지를 찢거나 삼족을 멸하는 형벌 등으로 백성들을 공포 속에 몰아넣었다. 기록에 따르면 2천만 명의 진나라 백성 중 100만 명 이상이 죽어나갔다고도 한다. 이 틈에 살아남고자 했던 백성들은 먼길을 떠나 숨어 사는 유민이 될 수밖에 없었다.

　세월은 흘러 기원후 4세기 동진東晉 시절, 중국 후난성의 무릉武陵에 사는 한 어부가 물고기를 잡으러 강물을 거슬러 오르다가 길을 잃고 말았다. 그가 가던 계곡 양쪽에는 복숭아꽃이 만발해 있고 큰

산과 계곡물의 수원지, 그리고 작은 동굴이 나타났다. 어부는 배를 묶어두고 비좁은 동굴로 기어들어갔다. 순간 눈앞에 별천지가 펼쳐졌다. 동굴 안에는 넓은 평지의 논밭이 있었고, 마을은 예쁜 꽃과 새소리로 평화로웠다. 평민으로 보이는 마을 사람들은 무척 여유롭고 행복해 보였다.

이 낯선 사람이 마을에 들어오자 마을 사람들은 신기해하며 어부 주위로 몰려들었다. 그러고는 어부를 자신의 집으로 데려가 음식을 대접하며 '누구이며 어디서 왔는지'를 물었다. 어부가 사연을 이야기하자 그들은 "우리 조상은 진秦나라 때 전쟁을 피해 이 산속으로 숨어들어온 후 지금까지 이곳에서만 살아왔다."라고 했다. 마을 주민들은 바깥세상에 대해 궁금해 했다. 이 무릉도원과 달리 바깥세상은 전혀 다른 시계가 돌아 위魏나라, 진晉나라, 한漢나라 시절이 지나갔다고 하자, 마을 사람들은 모두 놀라워했다.

어부는 그렇게 며칠 머문 후 돌아가려 했다. 그러자 마을 사람들은 어부에게 이곳 이야기를 다른 사람들에게 절대 말하지 말아달라고 부탁했다. 하지만 어부는 동굴을 나와서 이곳의 위치를 표시해두고, 집으로 돌아가 곧바로 관청의 관리에게 자기가 본 것들을 보고했다. 관리는 즉시 사람들을 시켜 동굴을 찾게 했다. 하지만 어부가 표시해둔 곳을 도저히 찾을 수가 없었다. 그 후로도 어느 누구도 그 동굴을 찾아간 사람이 없었다.

이 내용은 동진東晉과 송宋나라에 걸쳐 산 중국의 시인 도연명陶淵明

(365~427년)의 산문 『도화원기桃花源記』의 내용이다. 도연명은 항쟁의 소용돌이 속 세파에 밀리면서 관직을 그만두고 향리로 내려가 전원 생활을 하며 일생을 마쳤다. 그가 험한 세상에서 살며 목말라했던 세상이 바로 저 무릉도원이었을지도 모르겠다. 복숭아꽃은 중국에서는 천상의 세계와 관련이 있는 꽃이다. 어쩌면 기독교에서 말하는 사과나무와도 같은 의미일 수 있다. 그 나무가 있는 곳은 평화롭고 사람이 살기 좋은 낙원이자 천국인 것이다.

동서양을 막론하고 난리에 찌들고 폭정에 시달린 백성들은 때로는 더 나은 삶을 염원해 떠났고, 때로는 목숨을 부지할 수 있을 만한 은둔의 땅을 찾아 떠났다. 이러한 땅을 그들은 '이상향理想鄉'이라고 생각했다.

동서양에서 이상향으로 지목되어온 곳들은 많다. 중국의 무릉도원이 그렇고 샹그리라가 그러하며 삼신산이 그렇다. 서양에서는 아틀란티스가 있고 아발론 섬이 있으며 엘도라도가 있다. 종교에서도 낙원이나 천국은 빠지지 않는다. 불교에서는 서방정토西方淨土(극락세계)가 있고 기독교에서는 에덴동산이 있다. 또 흔히 말하는 복지福地, 동천洞天, 별천지別天地도 같은 의미로 쓰인다. 하지만 서양에서 말하는 유토피아란 '실존하지 않는 상상 속'이라는 의미가 강하다. 반면에 중국의 무릉도원은 '어딘가에 있을 것 같은'이라는 의미가 짙다. 서양보다는 동양의 이상향이 다소 현실적인 셈이다.

그렇다면 한국에는 이상향이 있었을까? 이상향의 의미를 '지금보다 더 나은 삶을 누릴 수 있는 그곳'이라는 좁은 의미를 떠나 좀 더 광범위한 의미로 해석해 '죽임을 당하는 현실에서 벗어나 살아남을 수 있는 그곳'이라고 해석한다면 조심스럽게 "있다."라고 말해볼 수 있지 않을까? 그곳이 바로 '십승지+勝地'다. 십승지는 정감록에서 말하는 '생명을 보전할 수 있는 곳'이다. 서양이나 중국과 달리 한국의 십승지는 '어느 어느 곳에 있다'라는 확정적인 실체를 갖고 있다는 것이 큰 차이점이다.

낙원은 대체로 신선이나 일정한 자격, 종교적 수행 등을 갖춘 사람만이 갈 수 있는 특별한 영역이었다. 실존하지 않는 상상 속의 이상향인 경우 특히 그러했다. 또 무릉의 어부처럼 운이 좋으면 평범한 사람도 갈 수 있는 이상향이 있는가 하면, 마음만 먹으면 누구나 들어가서 살 수 있는 이상향도 있다. 한국의 십승지와 그리스의 아르카디아가 그러한 곳이다.

동서양의 낙원 및 이상향과 우리나라 십승지의 가장 큰 공통점이 있다. 바로 외부 세계와 지리적으로 철저하게 '차단'되어 있다는 점이다. 서양은 주로 섬에 존재했고, 동양에서는 대체로 깊은 산속에 있다. 이 십승지마을도 철저하게 가려진 산속 마을이다. 지금과 같은 교통망이 없던 옛날에는 감히 그 깊고 높은 산속에 사람이 살고 있으리라고는 생각도 못했던 곳이다. 그래서 피신처로서의 기능을 할 수 있었다.

우리 민족에게 정감록이란 무엇인가?

정감록을 믿는 사람들에게 십승지는 '불사不死의 땅'이었다. 먼저 정감록의 내용은 크게 두 가지로 압축해 생각해볼 수 있다. 미래의 국운을 예언한 도참서이자 살아남기 위해 '십승지'라고 하는 피신처에 찾아가는 비법을 제시한 비결서다.

이씨 조선왕조가 국운을 다한 후 800년을 이어갈 정씨 왕조가 계룡산에서 등장하고, 이어 조씨의 1천 년이 가야산에서, 다시 범씨의 600년이 전주에서 이어진다고 했으니 정감록은 감히 세상에 내놓을 책이 못 되는 이른바 '금단禁斷의 서書'였다. 그 누구도 천기누설은 꿈도 꿀 수 없었다.

이런 이유 때문에 정감록을 인쇄해 배포할 수 없었다. 그 대신 수많은 사람이 손으로 몰래 베끼며 이본異本이 등장했는데 그 종류만 해도 60~70종에 이른다고 한다. 광의로 보면 이 모두를 정감록이라 부르기도 한다. 베껴 옮기다 보니 오자 또한 많아 해독에 혼란을 주고 있다.

이러한 책은 언제 누가 지었는지조차 불분명하다. 심지어 역사적 실존 인물이 썼다는 책도 누군가의 이름을 빌려왔다는 주장이 있는 만큼 어디까지가 사실이고 거짓인지는 알 수가 없다. 일반적으로 정감록이라고 하는 협의로 볼 때 비결서는 『감결鑑訣』(정감록의 약칭)을 말한다.

정감록은 촉蜀나라 도인 정감鄭堪과 완산 이백의 둘째 아들 이심李沁, 셋째 아들 이연李淵이 조선 산하를 둘러보며 풍수를 바탕으로 조선의 국운과 미래를 예언하는 질문과 답변을 기록한 글이다. 그러나 촉나라 정감은 가공 인물일 가능성이 크고, 혹자는 역성혁명한 조선의 개국을 합리화하기 위해 삼봉 정도전鄭道傳이 교묘하게 꾸며낸 이야기라고 주장하기도 한다. 그러나 어느 것도 옳다고 확정지을 수는 없다.

정감록에서 말하는 십승지는 사람의 씨를 보전할 수 있는 곳이다. 즉 나와 자손이 살아남을 수 있는 곳을 의미한다. 그러므로 난리 때 숨어들어가 살면 몸을 보전할 수 있다는 이야기다. 만백성이 혹하지 않을 수가 없었다.

연나라를 물리치고 천하를 통일한 진시황이 연나라 출신의 관리에게 불로장생 영약을 구해올 것을 명하자, 그는 "진나라는 호胡 때문에 멸망한다."라는 예언을 남겼다는 유명한 이야기가 있다. 진시황은 그 후 머지않아 객사했고 그의 아들 호해胡亥가 형을 제치고 2대 황제가 된 후 멸망의 길로 내달렸는데, 결국 '호胡'를 언급한 예언이 적중했다. 어쩌면 저주라고 해야겠다. 사람들은 무시무시한 예언이 적중하자 두려워했다. 나라를 망친 호해가 죽자마자 그의 조카 자영이 한고조 유방에게 투항하면서 진秦나라는 짧은 역사를 남기고 막을 내렸다.

백성들은 왜 정감록에 열광했나?

조선 중·후반기로 접어들면서 임진왜란, 병자호란 등 외침과 각종 민란, 그리고 정치적 사화士禍가 끊이지 않았다. 피폐해진 백성과 관직에서 파직당한 선비들은 일련의 사건들을 겪으면서 보신보명保身保命할 안식처가 필요했는데, 정감록에서 말한 십승지가 그들에게는 해방구였다.

특히 평안도 지방 백성들의 경우 오랑캐가 침략해오는 길목에 위치한 데다 조선왕조 직후부터 빚어온 지역 차별에 대한 한도 있었다. 19세기 초에 일어난 홍경래의 난도 차별에 대한 반동이었다. 남부 해안 인근 주민들 역시 왜구의 잦은 침략으로 내륙 깊은 곳의 십승지를 찾아 이주한 사람들이 많았다.

삼국시대가 멸해 개성에 왕씨 고려가 등장했고 고려가 멸해 한양에 이씨 조선이 창업했다. 그와 마찬가지로 이씨 조선도 반드시 멸하고 또 다른 '진인眞人'이 출현해 계룡산에 정씨 왕조를 세운다고 하니, 현세에 지친 백성들은 새로운 세상에 대한 기대감에 빠져들지 않을 수 없었다. 오늘날의 '정권 교체'라는 말도 이와 크게 다르지 않을 것이다.

십승지로 지목된 마을은 비결서마다 제각기 다르다. 그래서 수십개의 지명이 거론된다. 피신의 의미가 퇴색된 오늘날에는 피신처로서 큰 의미가 없고 실감도 나지 않는다. 하지만 일확천금을 노리는 오늘날의 사람들이 어떤 땅, 어떤 주식을 사면 큰돈을 벌 수 있다는 재테크 서적에 열광하는 것을 보면, 당시 목숨을 담보할 수 있는 십 승지에 대한 열광을 충분히 이해할 수 있다. 정보가 쏟아지는 오늘 날과 달리 자신의 목숨과 앞날을 대비할 수 있는 유일한 정보원이 자 나침반의 역할을 정감록이 담당했으니 만백성이 암암리에 관심 을 가질 수밖에 없었던 것이다.

정감록의 핵심은 국가의 운세와 함께 십승지에 있다. 그 십승지의 핵심은 목숨을 보전하는 보신보명保身保命이었고, 이 보신보명에는 '삼 재불입지지三災不入之地'가 핵심이다. 즉 난세를 피해 들어온 만큼 우선 전란으로부터 안전해야 했고, 아무리 가물어도 흉년을 면하게 해줄 수 있어야 하며, 전염병이 들지 않아야 했다. 이것이 전란·흉년·질 병이 들어오지 못하는 '삼재불입의 땅'으로, 마을은 입구가 안 보일 정도로 외부 세계와 철저히 차단된 지형을 갖고 있다.

도연명의 『도화원기』에 나오는 무릉도원이 가상의 마을이라는 것 을 제외하면 한국의 십승지와 유사점이 많다. 전란을 피해 들어온 주민들이 외부 세계에서는 알 수 없는 차단된 공간에서 생명을 부 지하며 살아가고 바깥세상 물정을 전혀 모르는 마을이니 무릉도원 과 십승지마을은 무척 흡사하다. 다만 십승지는 실체가 있는 마을 이고 현실의 세계라는 점이 무릉도원과 다르다.

정감록에서 말한 '정도령'은 정도전이었나?

정감록을 누가 지었는지는 확실치가 않다. 조선왕조는 400~500년의 국운을 다하고 이어 정도령이 출현해 정씨 왕조를 계룡산에서 세운다고 했는데, 누가 감히 조선이 멸망한다는 책에 자신의 이름을 걸 수 있었을까?

그런 가운데 새로운 왕조를 세울 진인眞人 정도령은 누구를 암시하는 것인지 관심을 끈다. 이 역시 확실히 이야기할 수 있는 사람은 없다. 다만 실존인물 중 조선 개국공신인 삼봉 정도전을 거론하는 주장은 있다. 정도전은 이성계를 도운 조선 최고의 개국공신이다. 하지만 그에게도 다른 야망이 있었다. 봉화 정씨인 정도전은 신분보다는 자신의 노력으로 고려 말 공민왕 시절 높은 관직에 오르면서 많은 주목을 받았다. 하지만 우왕이 즉위하면서 정치적 격랑 때문에 전라도 나주로 유배를 가야 했다.

정도전은 나주에서의 유배 생활에서 백성들의 삶을 있는 그대로 목도하면서 자신이 가야 할 이상세계를 그렸다. 그리고 1384년(우왕 10년) 이성계를 만나면서 둘은 서로를 의지한 채 야망을 꿈꾼다. 조선을 개국한 후 요직을 두루 장악한 정도전은 한양 천도 등을 지휘하고 조선 개국의 당위성을 알리는 데 주력했다. 그런 가운데 그의 이념은 태조 이성계의 5남 이방원(태종)의 생각과 충돌을 일으킨다. 이방원이 강력한 왕권 강화를 중시한 것과는 달리, 정도전은 왕권과 신권의 절묘한 조합을 추구했다. 그것이 정도전이 생각한 이상 정치였다. 여기에 정도전은 세자 책봉에 이방원을 배제하고 이복형제인 방석을 밀면서 둘의 대립은 절정으로 치달았다. 결국 정도전은 1398년 제1차 왕자의 난 때 이방원에 의해 죽임을 당했다.

혹자는 이러한 대립 과정에서 정도전이 정감鄭鑑이라는 가공의 인물을 내세워 조선팔도 산하를 돌며 조선의 국운을 예언하고 살아남을 수 있는 십승지를 주창했다며 정감록의 저자로 보기도 한다. 하지만 어디까지나 이는 여러 가지 추론 중 하나일 뿐이다.

그렇다면 십승지는 어디에 있나?

전술한 바와 같이 60~70종에 이르는 비결서에서 주장하는 십승지는 수없이 많다. 하지만 가장 공통적이고 대표적인 곳은 백두대간을 축으로 태백산에서 지리산에 이르는 내륙 산간에 집중되어 있다. 그 대표적인 곳을 기준으로 본다면 가장 북쪽이 영월이고 가장 남쪽이 남원인데, 평안도나 함경도 등지에 없는 것은 오랑캐의 침입이 잦아서 숨어들 곳이 못 되는 것이고 남쪽 또한 왜구의 침략 때문에 지리산 북쪽을 끝선으로 삼아 피신처를 언급하고 있다.

실제로 평안도 등 이북 주민들이 머나먼 남쪽의 십승지마을로 대거 이주해서 십승지촌을 이룬 곳들이 많다. 경상북도 영주시 풍기가 대표적인 예다. 진주 등 남해 연안에서 무주 무풍 십승지마을로 집단 이주해 집성촌을 이룬 사례도 있다. 또 뿔뿔이 흩어져 여러 십승지마을로 분산된 주민들도 무수히 많다.

정감록에서는 "사람의 씨를 구하려면 양백지간兩白之間이어야 한다."라고 해서 태백산과 소백산 사이를 사람의 목숨을 보전하기에 가장 좋은 곳이라고 언급한다. 『도선비기』에서는 "정축년에 평안도와 함경도는 오랑캐의 땅胡地이 되고 시신이 산더미처럼 쌓일 것"이라며 "북방 사람들은 태백산으로 피해야 화를 면할 수 있다."라고 했다. 그러니 이들의 잠재의식 속에서는 항상 남쪽의 이상향이 자리 잡고 있었던 것이다. 또한 "곡식의 종자를 구하려면 삼풍지간三豐之間이이야 한다."고 해서 풍기·무풍·연풍을 꼽았다.

그렇다면 십승지로 가장 중요하게 거론된 곳은 어디일까? 『감결』을 비롯해서 『유산결』, 『징비록』 등 대부분의 비결서에서는 정확한 위치를 짚지 않고 '공주 정산의 마곡', '운봉 두류산' 식으로 애매하게 표현하고 있다. 오늘날처럼 번지수로 할 수 없었겠지만 은밀한 장소를 백일하에 벌거벗겨놓을 수도 없었을 것이다.

십승지로 거론된 지역들은 한결같이 주위에 높은 산들이 둘러쳐진 곳으로 풍수지리적으로 어느 정도 조건을 갖춘 곳들이다. 오늘날 '풍수지리'라고 하면 너무 낡은 관념으로 치부할 수도 있겠지만 좋은 관상과 좋은 심성, 그리고 힘찬 기운을 가진 사람에게 호감이 가듯 땅이 가진 상황도 그러할 것이다.

십승지 위치도. 주로 백두대간의 남쪽 내륙 지역에 분포되어 있다.

　최창조 전 서울대학교 지리학과 교수는 "풍수란 이 땅에서 살아
온 선조들의 땅에 관한 지혜의 집적"이라고 설명한다. 즉 풍수는 종
교와 같은 신앙이 아니라 삶의 지혜를 축적해놓은 결과물이라는 것
이다.

　가장 주목받는 십승지는 다음과 같다. 격암 남사고南師古 선생이 남

긴 『남격암산수십승보길지지南格菴山水十勝保吉之地』에서는 십승지를 비교적 구체적으로 설명하고 있다.

1. 영주 풍기 금계촌으로 소백산 아래 두 물길 사이에 있다.

2. 봉화 화산 소령은 소라국 옛터로 내성현의 동쪽 태백산 아래 춘양면에 있다.

3. 보은 속리산 증항 근처로 난리를 당해도 몸을 숨기면 다치지 않는다. 그러나 대를 이어 몸을 보전할 곳은 못 된다.

4. 남원 운봉 두류산(지리산) 아래 동점촌 100리 안은 영구 보신할 만한 땅이다.

5. 예천 금당동 북쪽은 비록 주변 산이 낮아 드러나 보이지만 전란의 화가 들어오지 못한다. 그러나 어가가 다다르면 그렇지 못하다.

6. 공주 유구·마곡 두 물길 사이는 100리에 걸쳐 살육을 면할 수 있다.

7. 영월 정동 쪽 상류는 난리에 몸을 숨길 만하나 수염이 없는 자가 먼저 들어가면 그러하지 못하다.

8. 무주 무풍 북쪽 땅 주변은 덕유산에 가려 위난을 못 피할 리가 없다.

9. 부안 호암 아래 변산의 동쪽이 몸을 숨기기에 가장 좋으나 탐라가 다른 나라 땅이 되면 그렇지 못하다. 이 땅은 변산의 동쪽에 있어 난리 때 더 동쪽으로 가면 안 된다.

10. 합천 가야산 아래 남쪽 만수동이 있는데 주위 200리 안은 보신할 수 있으나 동북쪽은 그러하지 못하다.

이 외에도 비결서마다 달리 언급하는 곳은 많다. 단양 영춘, 진천 목천, 삼척, 울진, 태백, 영동, 담양 등 십승지는 무수히 많다.

낙원까지는 몰라도 적어도 마음속 이상향이었다

혹자는 외세의 침략에 자신만 살겠다고 십승지에 숨어들었다며 혹평을 가한다. 이 말을 부정할 생각은 없다. 하지만 전투에 참가할 수 없는 부류의 백성들 입장에서는 전쟁터의 길목이 아닌 평화로운 곳을 갈망하는 것은 본능의 문제일 것이다. 어린 손자가 살아남아 대를 이어가기를 바라는 촌로들이 어찌 그대로 남아서 죽기만을 기다릴까? 노부모를 모시고 찾아간 사람들도 많았다. 그들에게는 이상향이 필요했다.

조선시대 외세의 침략에 목숨 걸고 전쟁터에 나가 싸운 왕은 없었다. 오히려 난리를 피해 안전한 곳으로 떠나기 바빴던 왕은 몇 명 있었다. 하물며 백성들은 오죽했을까. 임진왜란 때 왜군이 한양으로 올라오자 선조宣祖는 앞장서서 궁궐을 버리고 의주를 향해 피란을 갔는데 도중에 백성들이 어가를 가로막고 왕에게 욕설을 퍼부은 일도 있다. 반면에 삼국시대에는 왕이 직접 군사를 이끌고 전투에 참가하기도 했다.

난세에 극도로 피로감이 쌓인 백성들, 언제 또다시 희생될지 모를 사람들에게는 현실도피가 현실적인 문제였다. 그런 점에서 그들에게 십승지는 분명 이상향이었다.

정감록은 조선 전기와 달리 18세기 이후 조선 후기로 접어들면서 조정에 대한 불만이 팽배해졌고 조선왕조의 멸망과 정씨 성을 가진 진인眞人이 출현한다는 믿음이 민중들에게 확산되었는데, 이는 민중 의식 변화에 많은 영향을 미쳤다. 홍경래의 난이 대표적인 사례다. 그 결과 각종 민중운동이 일어나기도 했으며 '복지福地'라는 이상향을 찾는 사람 또한 늘어났다. 이는 그 시대를 살아온 조상들이 겪은 시대상의 단면이었다.

십승지마을의 오늘날 모습은?

정감록의 예언 중 섬뜩하게 놀라움을 안기는 것도 있지만 오류도 많다. 이씨 조선왕조 뒤에 정씨 왕조가 계룡산에서 출현한다고 했는데 지금은 왕조시대를 넘어 국민이 선거로 대통령을 뽑는 공화국 시대다. 그럼에도 불구하고 어떻게 보면 행정수도로 불리는 세종시가 계룡산 인근에 탄생한 것은 유념할 필요가 있다. 어쨌든 필자는 정감록이 맞고 틀리고의 문제에 관한 시시비비는 접어두고자 한다. 어차피 과학이 발전하고 교통과 통신이 발달한 오늘날, 과거의 십승지 개념과는 달라져야 하기 때문이다.

다만 예언과 달리 '희망의 땅'으로 지목된 십승지마을을 탐방하면서 정감록을 따라 들어온 사람들과 그 후손들을 실제로 만나 그들의 이야기를 들어보고 싶었다. 그리고 수백 년, 천여 년 전에 풍수가와 예언가들이 지목한 바로 그 땅을 탐방해보는 데 의의를 두고자 한다. 십승지마을로 꼽힌 곳은 지형적으로나 풍수적으로 높은 수준의 조건을 갖춘 곳임에는 틀림없었다.

이상향으로 신봉하고 사람들을 찾아오게 만든 그 땅을 실제로 찾아가보니 여느 시골 마을처럼 평온했다. 사방으로 뚫린 도로만 빼면 꽃잎에 둘러싸인 꽃술처럼 아늑하고 아름다운 마을이었다. 그러니 이제는 '천기누설 십승지'를 공개적으로 논한다 해서 특별히 비판받을 일은 아닌 것 같다.

정감록을 신봉하고 십승지를 찾아서 고향을 버리고 온 사람들 중에는 목숨은 구했지만 경제적으로 망한 사람도 있고, 그 자신이나 후손이 크게 성공한 사람도 있다. 시대상에 따른 우리 조상들의 삶의 변천을 이해하고, 21세기를 사는 우리에게 참다운 삶이 무엇인가를 생각해볼 수 있다면 이 글은 그것만으로 큰 의미가 있다고 생각한다. 오늘날을 사는 우리도 마음속에 이상향을 품고 사는 것이 나쁘지는 않다.

당신에겐 '이상형理想型'이 있는가, 그리고 '이상향理想鄉'이 있는가? 이상형과 이상향은 메마른 우리에게 아늑한 감성을 자극해주는 촉촉한 자양분과 같다. 이루어지지 않을 것이라고 해서 마음속에 품지 말라는 법도 없다. 따뜻하게 품어서 희망의 싹을 키울 수 있다면 품고 사는 것도 힐링이다.

상처 입은 사람들이 마음의 상흔을 치유할 수 있는 그곳이 바로 '21세기의 이상향'이 아닐까? 이제는 '도피·은둔의 피신처'가 아닌 '내 마음의 안식처, 치유의 고장'이어야 한다. 그래서일까? 십승지마을이 있는 강원도 영월군은 이미 십승지 연하계곡 치유명당마을을 조성했다. 봉화, 남원 등 전국의 십승지마을의 지자체가 십승지 프로그램을 개발하고 또 서로 협력해 21세기형 십승지마을 가꾸기에 발 벗고 나섰다. 세월이 바뀌어도 십승지는 살아 있음을 보여주는 사례들이다.

이 책이 처음 출판된 이후 각종 단체 또는 개인 차원에서도 전국의 십승지 답사 여행객이 늘고 있다. 지자체에서도 이들을 환영하고 관련 프로그램 개발에 관심을 쏟고 있다. 십승지의 또 다른 풍경을 볼 기대감이 생겨났다. 그럼 이제 그 십승지마을로 들어가보자.

—

2부

정감록이 예언한
십승지마을을
찾아 떠나다

신라 말부터 주목받았던 영주 풍기를 『도선비기』에서는 소백산 아래 풍
기 금계촌을 최고의 명당터라 말하고 '훗날의 안전을 도모할 땅'이라고
했다. 이후 조선 중기에 와서는 나라 안의 대표 십승지에 꼽힐 만큼 이름
을 날렸다. 영주는 조선 최고의 술사가 소백산을 지나는 길에 말에서 내
려 배알했다고 하는, 영험한 산을 배경으로 하는 대한민국 십승지의 1번
지다.

1장

십승지 1번지,
영주 풍기

"풍기 차암 금계촌 동쪽 골짜기이니, 소백산 두 물길 사이다豊基車岩金

鷄東峽, 小白山兩水之間."

　『감결』에서의 영주 풍기 금계촌 십승지 소개다. 소백산 두 물길은
남원천과 금계천을 말하는데, 이 사이의 동네가 몸을 피신하기에
가장 좋은 곳으로 꼽혔다.

　풍기 십승지마을은 한반도 남쪽의 내륙 깊은 곳에 자리한 데다
소백산맥이 북쪽에 병풍처럼 둘러쳐져 방패 역할을 해줌으로써 천
혜의 요새를 이룬 땅이 되었다. 지금의 경북 영주시 풍기읍 금계리
일대다. 이곳은 지리적인 이점으로 거란이나 몽골의 침입과 임진왜
란 및 6·25 전쟁 때도 큰 피해 없이 지나갔다.

소백산 두 물길 중 하나인 금계천. 남원천과 금계천 사이의
동네가 몸을 피신하기에 가장 좋은 곳으로 꼽혔다.

　풍기가 가진 이 천혜의 자원은 훗날 자연현상과 그에 따른 인위
적인 사회활동의 영향으로 '풍기3다_{豐基三多}'란 말을 낳았는데 제주도
의 '삼다도'와 같이 '돌·바람·여자'가 많기로 유명한 고장이 되었다.
　지금은 많이 정리가 되었지만 예전 풍기 읍내 주변에는 크고 작
은 돌들이 넘쳐났다. 겨울철에는 매서운 바람이 잦았는데 다행히

비농기라 농사에는 지장이 없었다. 마지막으로 여자가 많은 것은 이북 주민들의 유입으로 직물산업이 발달하면서 이에 종사하던 여성의 수가 크게 늘어났기 때문이다. 물론 오늘날에는 자동화 시스템으로 여직공이 줄어들어 '3다'의 개념이 무색해졌다. 직물산업은 순전히 십승지마을이라는 이유로 풍기에서 집중적으로 태동했는데 그 배경이 재미있다. 미국에서는 금을 캐러 서부행렬이 이어졌다면 일제강점기의 한국에서는 이북 사람들이 살아남기 위해 소달구지를 끌고 남쪽 땅 풍기로 몰려들었다. 이북 주민들은 정감록의 예언을 믿었기에 고향의 전답을 팔고 풍기에 정착한 것이다.

조선 최고의 예언가가 꼽은 십승지 1번지

조선 중기, 소백산 근처를 지나던 한 술사가 갑자기 말에서 내려 넙죽 절을 하며 "이 산이 사람을 살리는 십승지다."라며 감탄했다. 그는 "대소백산에 모인 정기는 천 년을 병란에 물들이지 않을 땅"이라고 했다. 그는 또 말하기를 "몸을 숨기는 데는 여러 산 가운데 소백산이 제일이고 그다음이 지리산이다藏身 諸山之中 小白爲上 智異次之."라고 극찬했다.

  그가 바로 조선시대 최고의 예언가인 격암 남사고格庵 南師古(1509~1571년)다. 소백산과 풍기 십승지에 관해서는 남사고를 빼놓고 말할 수 없다. 남사고에 관해 특별히 관심을 끄는 또 한 가지는 위서僞書 논란이 있지만 그의 호를 딴 책인 『격암유록』에서는 38선이 생기고 6·25 전쟁으로 백성이 살상된 후 미래에 남북이 통일된다는 것과 우리나라가 동양에서 최강국이 된다는 예언을 했다는 점이다. 38선과 6·25 전쟁은 이미 겪었으니 통일과 최강국이 될 날만 즐거운 마음으로 기다려볼 일이다.

조선 최고의 술사 남사고는 명종 때 주로 활동했던 사람이다. 서양에 노스트라다무스가 있다면 동양에는 남사고가 있다고 할 만큼 예언가로 유명한데, 이 둘은 공통점이 무척이나 많다.

우선 둘 다 동시대 사람이고 같은 나이에 세상을 떴다. 노스트라다무스는 1503년생, 남사고는 1509년생이다. 노스트라다무스는 1566년에 사망했고, 남사고는 1571년에 사망해 둘 다 63세에 사망했다. 마치 서로 약속이라도 한 듯 비슷한 삶을 보여주었다. 또한 점성술의 대가로서 예언 내용도 똑같다. 홍수와 역병, 기근, 전쟁 등이 예언의 주된 소재였는데 남사고를 비롯한 우리나라 정감록 또한 질병과 기근, 전쟁을 핵심으로 다루고 있다. 정감록이 금단의 책이었듯이 노스트라다무스의 예언서 『제세기』 역시 로마 가톨릭교회에 의해 금서가 되었다.

노스트라다무스는 『제세기』를 통해 예언을 남겼고, 남사고는 『격암유록』을 남겼다. 호는 격암格庵이며 본관이 영양英陽인 남사고는 경북 울진이 고향이다. 평생 소학小學을 즐겨 읽었고 역학·풍수·천문·

관상의 비결에 도통했다. 그의 예언은 꼭 들어맞아 수많은 사람들이 그를 보려고 몰려들었다.

1575년(선조 8년)의 동서분당東西分黨을 예언했고, 명종 말기에 이미 "임진년에 백마를 탄 사람이 남쪽으로부터 나라를 침범하리라."라고 예언했는데, 실제로 1592년에 임진왜란이 일어나 왜장 가토 기요마사가 백마를 타고 쳐들어왔다. 그에 앞서 1564년(명종 19년)에 "내년에는 태산泰山을 봉하게 되리라."라고 예언했는데, 끔찍하게도 이듬해 문정왕후文定王后가 별세해 태릉泰陵에 장사를 지냈다.

남사고는 다른 정감록보다 상대적으로 더 구체적인 표현을 썼기 때문에 신뢰감이 컸다. 그가 말에서 내려 배알까지 한 풍기를 비롯해서 소백산 일대를 제1승지로 꼽은 것은 예사롭지 않다. 다른 비결서에서도 풍기는 줄곧 제1승지로 부각되었는데 감히 '십승지 1번지'라 불러도 부족함이 없다.

풍기 금계촌의 십승지 역사는 훨씬 더 옛날로 거슬러 올라간다. 신라 말 도선대사道詵大師가 기록했다고 하는 『도선비기』에서는 최고의 명당터로 "소백산 아래 풍기 금계리는 훗날의 안전을 도모할 터"라고 했다. 이미 신라 말~고려시대부터 그 존재가 부각되어온 것으로 조선 중기에 와서는 보신처로서 절정에 이르렀다. 정감록에서 '금계포란金鷄抱卵'의 형세라고 해 십승지 중 제1승지로 꼽았던 것이다.

십승지는 삼재불입지지라 해서 흉년이나 전염병, 전쟁이 들어올 수 없는 지역으로 이 십승지가 위치하고 있는 지역은 태백산이나 소백산 등 높고 험준한 명산에 주로 자리 잡고 있어 외부 세계와 단절된 지형을 이루었다.

조선 후기에 와서는 문인 이중환이 그의 저서 『택리지』에서 "소백산은 웅장해도 살기殺氣가 적다."라고 했으며 "소백산 아래는 실로 사대부가 살 만한 곳"이라며 극찬했다.

비결서에서는 "사람의 씨人命를 보전하려면 양백兩白(태백과 소백)으로 가야 한다."라고 했고 "곡식의 종자를 구하려면 삼풍三豊(풍기·무풍·연풍)으로 가야 한다."라고 언급하고 있다. 그만큼 소백산에 둥지를 튼 풍기는 어떠한 전란이나 기근에도 살아남을 수 있는 '생존의 땅'으로 널리 알려졌다.

주민 70%가 이북 출신인 한국판 엘도라도

1947년 황해도 장연, 17살의 한 소년이 목숨을 걸고 사선을 넘는다. 일제강점기 말기에 마을 서당에서 한학을 배우다 우연히 발견한 정감록에서 본 "살아남으려면 풍기로 가라."라는 말이 온통 머릿속에 꽉 차 있던 그에게는 오로지 풍기만이 살 수 있는 이상향이었다.

해방이 되자마자 공산주의로 변해버린 황해도 땅에서 이 10대 소년 윤정대尹禎大는 더 이상 머뭇거릴 여유가 없었다. 머지않아 인민군에 입대해야 했기 때문이다. 집에서 기르던 소 한 마리를 팔아 걸어서 장단으로 갔고, 그곳에서 작은 조각배 하나를 구해 아버지가 남한 옹진까지 몰래 태워다주고 되돌아갔다. 연로한 부모님은 이북 고향에 남고 아들만큼은 마치 유학 보내듯이 남쪽으로 보내 새 삶을 살게 하려고 희생을 감수했다.

무엇보다 자신의 삶은 머나먼 남쪽 풍기에 있다고 믿은 소년 윤정대는 12일이 걸려 '희망의 땅'인 경북 영주시 풍기 땅에 도착했다. 곧바로 금계촌으로 찾아가 일제강점기 때 소달구지를 끌고 풍기로 먼저 이주한 아버지 친구를 만나 반년간 얹혀살았다. 이 무렵 금계촌은 황해도와 평안도에서 이주해온 사람들로 넘쳐났다.

그중에서도 명주明紬의 본고장이던 평안도 사람들이 대다수를 이루었다. 이들은 1930년대 전후에 베틀기 한두 대씩을 갖고 들어와 명주로 실을 뽑기 시작했는데 이것이 나중에는 풍기 인견사의 시초가 되었다.

윤정대는 영암선(영주~철암) 철도 공사장에 일자리가 생겨서 좋아했지만 6·25 전쟁이 일어나 피란을 가야 했다. 금계촌을 비롯한 풍기 지역에서는 주민들이 피란 갈 생각조차 하지 않았지만 이북 출신의 주민들은 단체로 모여 경남 밀양으로 피란길에 올랐다. 이북 주민들은 인민군이 들어오면 이북을 버리고 남쪽으로 내려온 자신들을 반동분자라고 생각할까 봐 두려워했다. 반면에 전란으로부터 안전하다고 믿은 원주민들은 평상시와 다름없는 생활을 했다.

그 후 국군과 연합군이 반격하면서 따라 올라오는데 피란할 때만 해도 무성했던 영천 까치고개가 풀 한 포기 없이 다 벗겨진 것을 보고 청년 윤정대는 깜짝 놀랐다고 한다. 얼마나 치열한 총격전이었으면 산 하나가 완전히 벗겨졌을까.

전쟁이 끝난 풍기 금계촌에는 평안도 영변군 팔원에서 직물기계를 갖고 이주해온 주민들이 아주 많았다. 영변은 이전부터 직물산업이 발달했던 곳이다. 20세가 된 청년 윤정대도 베틀 하나를 샀다. 이곳 주민들은 전쟁 직후 대부분 직물산업에 매달렸다. 풍기 전체 주민의 약 70%가 이북 출신으로 구성되었다. 약 3만 명의 주민 중 2만 명 이상이 이북에서 내려왔다고 하니 놀라지 않을 수 없다. 평안도나 황해도에서 살다가 내려온 주민들이 도시 하나를 만들어버린 것이다. 풍기는 그때부터 남한 속 '이북도민촌'의 상징이 되었다. 이북에서의 주된 생업이던 명주 공장과 개성인삼 농사를 풍기에 옮겨와 이식산업으로 일으킨 것이다. 인삼은 원래 풍기에도 있었지만 개성인삼 농민이 가세해 더욱 발전하게 되었다.

청년 윤정대는 베틀 하나로 시작해 명주로 실 뽑던 사업을 인조견직물 인견사업으로 과감하게 도전했다. 인견은 나무에서 실을 뽑는 것으로, 그가 최초로 시작했다. 그는 사업자금이 필요해서 대출을 하려 했다. 당시 은행 대출금 이자율은 26%로 빌릴 엄두도 나지 않아 미국 차관을 4%에 쓰게 되었다. 미국 돈으로 기계 32대를 차려 시작했다. 그러자 모두들 그에게 "미쳤다."라며 혀를 찼다. 하지만 1년도 지나지 않아 이웃들도 전부 인견사업으로 전환했다. 풍기

읍은 하루아침에 인견의 고장이 되었다. 풍기인견은 지금도 여름 옷감의 대명사가 되었고 그 주역이 바로 이들이었다.

6·25 전쟁 후 보릿고개로 굶주리던 대부분의 농촌과 달리 이북에서 내려와 인견산업과 인삼 농사를 지은 주민들은 부자는 아니라 할지라도 모두가 먹고살기에는 부족함이 없었다. 그들의 악착같은 근성이 가세해 원주민도 부러워하는 경제력을 구축했으며 풍기 상권을 장악했다. 있을 것 같으면서도 없는 '엘도라도의 황금'과는 달리 이들은 인견을 짜고 인삼을 캐며 사과를 심어 '꿈'을 수확했다. 10대 소년 윤정대가 동경해오던 머나먼 남쪽 땅에서의 행복한 삶이 눈앞에 활짝 펼쳐진 것이다.

필자와 풍기 금계촌 일대 십승지마을 탐방을 함께한 영주시청 기획감사실 이화준 팀장의 부친도 6·25 전쟁 때 평안남도 개천에서 마지막 십승지 이주행 길에 올랐다. 당시 수많은 주민들이 먼저 풍기 십승지마을을 찾아 내려왔으며, 이 팀장의 부친 또한 물어물어 이웃들을 찾아 금계촌으로 들어왔다.

풍기 인견발전협의회 송세영 회장은 부모가 1941년 평안남도 덕천에서 십승지마을을 찾아 내려왔다. 일제강점기 때 당시 어머니가 송 회장의 출산을 위해 친정인 덕천으로 되돌아가서 낳은 후 한 달 만에 다시 내려왔다고 한다. 예전에는 아이를 대부분 친정에서 낳았는데 1940년대의 교통 상황으로 경상도에서 평안도로 오고간다는 것은 여간 고행길이 아니었을 것이다. 더군다나 갓난아기를 데리고 다시 찾아왔으니 말이다.

송진호 풍기읍 부읍장의 할아버지 역시 1910년 평안도 박천에서 내려와 풍기 십승지마을에서 4대째 대를 이어가고 있다. 송 부읍장 가족들은 인견을 만들고 인삼 농사를 지어왔다.

이렇게 풍기 십승지마을을 찾은 사람들이 이곳을 터전으로 삼아 살며 박용만 초대 국회의원, 송지영 국회의원 등 정·관계에도 많은 인물을 배출했다. 십승지에서 목숨을 보전했고 이를 바탕으로 '벼슬'도 했으니 그들에게 이곳 풍기는 분명 '약속의 땅'이었다.

윤정대 어르신은 아흔을 넘어섰다. 풍기 십승지마을에서의 70년 인생을 필자에게 전하며 잠시 목이 메는 듯했다. 원주민들은 그를 '부자'로 여겼다. 윤 어르신은 이북 주민들은 너 나 할 것 없이 피란이 목적이었기 때문에 출세욕은 별로 없었다고 했다. 이곳에 와서 모두가 선하게 살았고 가정을 잘 이끌어가는 데만 관심을 두었다고 한다. 그리고 지금도 자식들에게 이렇게 말한다. "젊어서 타지에 나가 살더라도 나중에 다시 소백산 품으로 들어와 살아라."

창원 황씨의 500년 집성촌인 희여골

100여 가구가 모여 사는 시골의 한 마을에서 판검사가 18명이나 배출되었다. 서울 강남 8학군보다 더 명문인 마을이 바로 풍기 희여골이다. 풍기 희여골은 옛날부터 인재가 배출되는 복지福地라고 일컬어졌던 곳이다. 조선 최고의 예언가 남사고가 말에서 내려 고개를 숙인 이유를 알 것 같다.

500년 전 조선 초기, 경남 창원에서 황씨 일족이 머나먼 풍기 십승지마을로 찾아왔다. 남해안에 살던 백성들은 왜구의 침략에 시달렸고, 세종 때는 대마도 정벌까지 단행하기에 이르렀다. 창원 황씨 일족이 풍기로 들어와 정착한 곳은 희여골이다. 백일리로도 불리는 희여골은 금계촌에서 야트막한 산 하나 너머에 있는 이웃 마을이다. 이 골 안에 500년간 창원 황씨들만 살았다.

100년 전에는 140가구의 집성촌이었으나 지금은 전체 가구 수가 102가구로 줄었고, 외지인이 많이 들어와 살면서 창원 황씨는 17가구만 남았다. 이 마을 황병태 이장은 조상들이 십승지를 찾아와 정착했으며 이 마을에서 후손으로 살아가는 것이 자랑스럽다고 했다. MBC 황헌 앵커도 이 마을 출신으로, 황 이장과 어릴 때 함께 뛰어놀던 친척이다.

희여골은 풍기읍에서 3km 정도 소백산으로 들어간 곳에 위치해 있는데, 주민들이 자발적으로 상수도를 반대하고 산에서 내려오는 계곡물을 식수로 사용할 정도로 자연을 해치지 않으려고 한다. 금계바위 아래 서재골에서 내려오는 청정수가 이 마을의 식수로 사용된다. 물맛이 좋을 뿐만 아니라 마르지도 않는다.

황 이장은 이곳에서는 단 한 번도 사람이나 가축에게 전염병이 발생하지 않았다고 자랑스럽게 이야기한다. 6·25 전쟁 때 인민군 역시 읍내에는 왔지만 이 마을에는 들어오지 않았다. 읍내와는 불과 3km의 가까운 거리지만 십승지라는 위력이 이렇게 컸다.

희여골은 풍기 십승지마을 중에서도 오랜 역사를 갖고 있다. 하지만 지금까지 십승지마을로는 금계리와 욱금리, 삼가리만 알려져왔다. 흔히 십승지마을이 산속 깊은 곳에 있는 것에 비하면 희여골과 금계촌은 읍내에서 아주 가깝다. 하지만 금계촌의 용천골과 이곳 희여골은 산으로 살짝 가려진 곳에 집들이 있어서 읍내에서는 마을이 보이지 않는다. 금계촌 바깥쪽 평지에 있는 마을들은 노출되어 있는데, 평상시에는 들녘에서 농사를 짓고 살다가 전란 때는 그 산속으로 몸을 숨기는 형태다. 조진성 풍기읍장은 금계촌 용천골이 풍기 십승지의 중심 마을 중 하나라고 소개했다.

필자는 1차 답사 때 이화준 영주시청 기획감사팀장과 동행해 금계촌은 물론 금계천을 따라 저수지가 있는 욱금리를 거쳐 삼가리까지 두루 살펴보았다. 금계촌 용천동龍泉洞은 신라시대 용천사龍泉寺라는 절의 이름을 따서 불렀다고도 하고, 마을 뒷산의 지형이 용이 등천登天하는 형세라 해서 생긴 이름이라고도 한다. 현재 용천사는 조선 중종 때 화재로 소실되었다. 용천동 아래 마을은 1541년 풍기군수 주세붕周世鵬 선생이 부계伏鷄 밭 앞에 우리나라에서 처음으로 가삼家蔘을 장려한 풍기인삼의 시원지始原地가 있으며 오늘날까지 500년 전통을 이어오고 있다.

욱금리는 금계촌과 삼가리의 중간에 있는 마을로 1983년 저수지 금계호 건설 때문에 마을 대부분이 수몰되고 이제는 20여 가구만 남았다. 삼가리는 소백산 비로봉 아래 비로사가 있고 그 아래의 계곡 사이에 있는 마을이다. 이곳이야말로 외부 세계와 완전히 차단된 곳이었다. 이 삼가동과 달밭골의 정감록 신봉자들은 학문을 중시해서 아이들에게 어릴 때부터 한학을 가르쳤다. 그런데 학교가 없어 20리 이상 걸어 다녔다고 한다.

영전고개를 넘고 깊은 계곡으로 들어가면 왼쪽 높은 산 정상에 거대한 바위가 보이는데 바로 금계金鷄바위다. 금계바위는 '금이 박힌 닭 모습'이라 해서 붙은 이름인데 조선시대 때 바위 아래쪽에서 금계 황준량 선생이 글을 읽었다고 한다. 퇴계의 문인인 황준량 선생은 평해 황씨로 금계촌에 입향한 선비다.

삼가리의 지형은 외부인이 감히 침범할 수 없는 영역이었다. 그 금계바위를 풍기읍 방향으로 넘으면 희여골이다. 풍수지리학적 관점으로는 삼가리가 십승지의 조건을 두루 갖춘 듯했고 실제로 이 마을에 찾아들어온 주민들이 많이 있었다고 한다. 이화준 팀장은 이곳이 가장 최근까지 상투를 튼 동네라고 했다.

그러나 남쪽 창원에서 십승지를 찾은 사람들은 일찍이 희여골에 정착했고, 이후 일제강점기에는 금계리에 많이 정착한 것으로 나타났다. 이는 조선 후기 정감록에서 '풍기 금계촌'이라고 지목한 데 따른 영향이 큰 것으로 보인다.

'금이 박힌 닭 모습'이라는 뜻의 금계바위와 금계리 용천동에
서 있는 장승

필자는 풍기 십승지를 두 차례에 걸쳐 답사하면서 관계자들을 많
이 만날 수 있었다. 2차 답사 때는 당시 김주영 영주시장도 만났다.
김 시장은 소백산 남쪽의 땅과 기후는 풍요로운 먹을거리를 제공해
주었고 소백산은 사람을 온전하게 보전해주는 땅이었다고 소개했
다. 소백산에서 나오는 물과 땅의 기운이 다른 지역과 근본적으로
다른데, 이것이 영주 풍기 십승지의 강점이라는 게 김 시장의 설명
이다.

금계바위에서 유래한 금계리에는 안 좋은 일이 일어난 적이 없었다. 풍기읍장을 지냈던 이화준 팀장은 풍기 십승지가 제1승지로 꼽히는 데는 소백산의 영향이 크다고 했다. 오죽하면 이중환도 『택리지』에서 "소백산은 살기殺氣가 없어서 사람이 살기에 가장 좋다."라고 했을까.

금계리는 다른 십승지마을보다 유난히 정감록촌이 잘 형성되어 있다. 그리고 지금도 마을 곳곳에는 '정감록 십승지마을'임을 알리는 돌탑과 장승을 세워 표시해두고 있다.

필자는 이주민이 아닌 풍기 토박이인 원로 세 분을 노인회에서 만났다. 그들은 이구동성으로 '여기가 과연 십승지마을이구나.' 하는 것을 6·25 전쟁 때 확실하게 깨달았고 또 그 덕을 봤다고 했다. 인민군이 빠르게 내려왔지만 소백산 죽령을 넘지 못했다. 그래서 예천과 안동으로 바로 돌아 내려가 풍기 주민들은 피란은커녕 평온하게 지냈다고 한다. 다만 금계리에 온 이북 출신 주민들만 지레 겁을 먹고 피란 간 정도였다.

나중에 인민군 2진이 겨우 읍내에 도착했지만 이들의 역할은 전투가 아니라 점령한 땅의 치안 확보였기에 전란 자체는 없었다고 한다. 다만 퇴각할 때 풍기 외곽 노인봉에서 총격전이 있었던 게 전부였다고 증언했다. 어르신들은 열서너 살에 전쟁을 겪었지만 풍기에서는 전쟁의 참화도 모르고 넘어갔다고 강조했다. 어르신들은 풍기 십승지가 그래서 다 이유가 있는 것이라며 커다란 자부심을 갖고 있었다.

풍기는 반공정신이 무척 강한 고장이라고 한다. 이북 출신일수록 북한의 공산주의에 대한 증오심이 컸는데 한때 70%가 이북 주민들이었던 이곳은 '반공의 고장'이었다. 이는 일제강점기 때 내려온 주민들도 한결같은 생각이라고 했다.

풍기는 소규모의 경상도 원주민 외에는 토박이 사투리인 "했니껴(했습니까)."와 같은 말을 거의 들을 수 없다. 풍기의 언어는 독특한데 일종의 '무국적 언어'다. 뚜렷한 경상도 사투리도 아니고 그렇다고 황해도나 평안도 말투도 아닌, 어디에도 없는 말이 소통되고 있는 것이다. 이북에서 내려온 1세대들은 대부분 사망했고 그 후손들과 소수 토박이들의 말이 섞이면서 새로운 형태의 말이 생겨난 것일까? 이 또한 연구 대상이다.

*

영주의 힐링 포인트

소백산

사시사철 찾아도 부족함이 없는 산이다. 봄의 철쭉은 지친 몸
과 마음을 정화시켜주는 최고의 힐링 소재다. 순백의 겨울 설
산도 놓칠 수 없는 명소다. 인근에 유황온천으로 유명한 풍기
온천이 있다.

부석사

서기 676년 의상조사가 창건한 사찰로 화엄사상의 발원지다.
우리나라에서 가장 오래된 목조건물 중 하나인 무량수전이 있
어 특히 유명하다. 국보 5점, 보물 6점을 보유하고 있는 10대
사찰 중 하나다. 사찰 앞으로 펼쳐진 백두대간 능선을 바라보
면 천하를 가슴에 품는 듯한 장관을 만끽할 수 있다.

소수서원 & 선비촌

1543년 풍기 군수 주세붕이 백운동서원으로 건립한 후 퇴계
이황이 풍기군수로 부임해 조정에 건의, 소수서원으로 개명됨
과 함께 최초의 사액 서원이 되었다. 우리나라 최초의 사립대

학이다. 옆에 있는 선비촌에서는 숙박을 하면서 선비 문화를 체 험할 수 있다. 전통한옥 재현과 각종 음식, 문화 행사 등을 만끽할 수 있다.

무섬마을

문수면에 있는 마을로 '무섬(물섬)'의 한자어인 수도리水道里로도 불린다. 반남 박씨와 선성 김씨의 집성촌으로 전통한옥촌을 형성하고 있어 고택 탐방에 적격이다. 내성천이 휘감아 도는 시냇가에 외나무다리가 정겨운 옛 시골 풍경 속으로 안내한다. 드라마 〈사랑비〉 촬영지이기도 하다. 외나무다리 축제도 열린다.

희방사 & 희방폭포

호랑이와 무남독녀 규수를 살려준 전설이 깃든 사찰이다. 희방사와 이 마을 수철동의 이름 유래도 이 규수 때문에 생겼다. 소백산 연화봉 아래 깊은 골짜기에서 내려와 쏟아붓는 28m의 폭포수는 세상사 시름을 말끔히 잊게 해준다.

죽령 옛길

신라시대인 서기 158년 소백산 자락에 생긴 2천 년 가까이 된 길이다. 삼국시대에는 신라와 고구려의 국경선으로 유난히 전투가 많았던 곳이고, 조선시대에는 영남의 선비들이 한양을 오갈 때 다닌 길이다.

● 풍기인견

펄프에서 추출한 천연 섬유로 촉감이 부드러워 명품 옷감으로 사용된다. '냉장고 섬유'라고 불릴 만큼 시원한 소재로 인기가 높다.

● 풍기인삼

소백산 기슭의 유기물과 대륙성 한랭 기후, 배수가 잘되는 사질 양토에서 자란 풍기인삼은 최고의 효능을 자랑한다.

● 영주사과

일교차가 큰 덕에 당도가 뛰어나 인기가 높다. 풍부한 일조량과 소백산의 맑은 물, 깨끗한 공기 덕분에 품질이 우수하다.

● 영주한우

악성 가축 전염병을 완전히 차단해 안전하고 부드러운 육질로 큰 호평을 받고 있다. 영주에 가면 반드시 먹고 가야 할 음식 중 하나다.

정승을 지낸 서애 류성룡 선생의 일가족이 은둔한 땅으로 유명한 도심촌. 임진왜란 때 영의정을 지낸 서애 선생이 무슨 사연으로 이 마을에 은둔했을까? 임진왜란을 거치며 당쟁에 휘말린 서애 선생은 임진왜란 직후 영의정에서 파직되었고, 곧이어 봉화 도심촌으로 들어와 반년을 살았다. 이때 임진왜란을 승리로 이끈 이순신 장군도 이 마을에 함께 들어와 살았다는 신비로운 전설을 품은 마을이다.

2장

한국의 무릉도원,
봉화 춘양

"화산 소령 옛 땅 청양현에 있다. 봉화 동쪽 마을을 넘어 들어간다

花山 召領古基 在靑陽縣, 越入奉化東村."

『감결』에서 말한 봉화 춘양春陽의 위치 설명이다. 화산은 당시 안동을 말한다. 춘양이 화산에 속해 있었고 1914년에 봉화군에 편입되어 현재까지 이르고 있다. 옛 지명이라서 혼란스러울 수 있다. 하지만 지금의 지명으로 말하면 아주 간단하다. 경상북도 봉화군 춘양면 도심리 일대다.

태백산의 남쪽 거대한 산들 속에 둘러싸인 분지에 여러 마을이 옹기종기 모여 있다. 지금은 춘양면 소재지에서 북쪽으로 난 88번 지방도로를 자동차로 10여 분이면 갈 수 있는 이 마을이 옛날에는

춘양 십승지마을로 가는 길목의 모습. 지금은 개발 때문에 예
전의 험준함이 많이 사라졌다.

산으로 철저히 차단된 곳이었다.

　이곳은 계곡에서 내려오는 물줄기인 운곡천의 협곡 외에는 도무
지 들어갈 틈이 없는 마을이다. 이곳을 정감록에서는 '소라국 옛터
召羅古基'라고 표현하며 십승지로 꼽았다. 무릇 2천 년 전의 작은 부족
국가 땅이다.

지금으로부터 400여 년 전, 이 마을에는 조선 최고의 인물들이 등장한다. 이 마을에 무슨 일이 있었을까?

풍산 류씨들의 이상향인 도심촌

태백산이 깊이 품은 '불사의 땅' 춘양 도심촌은 풍산 류씨에게는 목숨을 부지할 최후의 이상향이었다. 임진왜란 때 집단 이주는 물론, 그 후에도 세상이 어지러울 때마다 마음속의 고향 같은 향수를 느끼고 찾아왔다.

1592년(임진년) 4월 왜군이 부산을 시작으로 침략을 본격화하자 조선 제14대 왕 선조는 피란 갈 궁리부터 했다. 왕을 보좌해야 했던 좌의정 서애 류성룡西厓 柳成龍(1542~1607년)은 세 살 위의 형 겸암 류운룡謙庵 柳雲龍(1539~1601년)의 해직을 임금에게 간절하게 읍소했다. 임금을 모셔야 하는 자신을 대신해 형이 팔순 노모를 전란 속에서 돌보도록 해야 했기 때문이다. 서애 선생은 이후 선조의 피란 행차 중 영의정 이산해가 해직되면서 영의정에 오른다.

어렵게 벼슬을 내려놓은 겸암 선생은 어머니를 모시고 북진하는 왜군을 향해 남쪽으로 내려갔다. 왕을 비롯해서 모두가 북쪽으로 피란을 가는데, 겸암 선생은 왜군과 마주칠지도 모를 남쪽으로 왜 내려갔을까?

겸암 선생의 고향은 경상북도 안동의 하회마을이다. 그는 노모와 고향의 풍산 류씨 일족 100여 명을 데리고 '살아남을 수 있는 땅' 춘양 도심촌으로 들어갔다. 겸암 선생은 이 땅이 전란의 화禍가 미치지 않는다는 십승지임을 알고 있었기에 고향과 가까운 이곳을 찾아온 것이다. 도심촌에 들어온 류씨 일족은 단 한 명도 다친 사람이 없었고, 이후 왜군이 남쪽으로 후퇴하자 다시 고향으로 돌아갔다.

잠잠했던 임진왜란은 화의교섭 결렬로 1597년에 다시 왜란이 일어난다. 정유재란으로 불린 왜군의 재차 침입에 조선 사직은 또다시 풍전등화에 놓인다. 이때 원주 목사에서 물러나 있던 겸암 선생은 어머니와 일족들을 데리고 두 번째로 도심촌을 찾는다. 하회마을 주민들과 풍산 류씨들에게 도심촌은 최후의 안식처였고 무릉도원이었다. 이듬해 11월 전쟁이 끝날 무렵 서애 선생도 당쟁의 소용돌이에 휘말린다. 1598년, 참전한 명나라 장수가 조선이 일본과 연합해 명나라 공격을 도모하고 있다고 본국에 보고하자 이 사건의 진상을 알리러 가지 않는다며 북인北人들이 탄핵을 올려 서애 선생은 삭탈관직되었다. 이날이 우연히도 이순신 장군이 전사했다는 날(11월 19일)이다.

전시 총사령관으로 이순신을 지지한 후원자로서 전란을 끝냄과 동시에 정치적 희생양이 된 류성룡 선생은 12월 은둔의 길에 올라 춘양 도심촌으로 들어왔다. 어머니와 형, 그리고 일족들이 있어서 이곳으로 발길을 향했지만 그 역시 전란을 겪고 당쟁의 희생양이 되면서 피폐해진 심신을 달래고 싶었을 것이다. 이후 1600년에 복권되어 부름을 받았지만 벼슬길에 나아가지 않고 하회마을에서 은둔 생활을 이어갔다.

도심촌에 은거하던 당시 서애 선생은 임진왜란 동안 영의정과 도체찰사都體察使(전시 총사령관) 직무를 수행하며 기록한 임진왜란 회고록『징비록懲毖錄』을 일정 부분 집필하기도 한 것으로 보인다. '징비'는 '미리 징계해 후환을 경계한다'는 뜻으로 그가 임진왜란 전부터 군사력을 강조한 말이다. 이 책은『난중일기』와 함께 임진왜란을 상세히 기록한 귀중한 사료로 국보 제132호로 지정되어 있다.

서애 선생은 1598년 12월에 도심촌에 들어와 이듬해 5월까지 반년간 생활했다. 고향으로 돌아간 서애 선생은 1604년『징비록』을 완성했고 1607년 66세의 일기로 생을 마감한다. 선조는 사흘간 조회를 중지하고 승지를 보내 조문하게 했으며 9개월 후 자신도 눈을 감는다.

겸암 선생이 도심촌에 살던 흔적은 지금도 남아 있다. 선생이 피란 생활을 하며 손수 만든 석대가 그것이다. 어떤 날엔 석대 위에 올라서서 먼 곳을 바라보며 회상에 잠기기도 했다고 전해진다. 동생 서애와 함께 누구보다도 먼저 나라 걱정을 하며 전쟁 대비를 주장했지만, 반대 세력에 부딪혀 그 지경에 처하자 그에 대한 회한이었을 것이다.

이 석대가 마술을 부렸다는 일화도 있다. 일제강점기에 어떤 사람

애당리에 세워져 있는 겸암 류운룡 선생을 기리는 비석. "문경공 겸암 류선생 도심촌 유적비"라고 새겨져 있다.

이 농토를 개간한다며 이 석대를 허물자 그 순간 하늘에서 날벼락이 치고 지금까지 질병이 없었던 이 마을에 괴질이 돌았다고 한다. 깜짝 놀란 주민들이 모여 석대를 복원하고 기도하자 씻은 듯이 나았다는 이야기가 이 마을에 전해온다.

마을 도로변에는 풍산 류씨 문경공파 문물보존회가 세운 '겸암 류운룡 선생 도심촌 비석'이 400년 전 숨결을 고스란히 간직하고는 의연히 서 있다.

임진왜란 후 이순신 장군, 이 마을에 은둔했다?

1597년 임진왜란 중 선조에 의해 죽음의 문턱까지 갔던 이순신李舜臣 (1545~1598년) 장군이 감옥에서 풀려난다. 평생 후견인이었던 영의정 류성룡이 조정에서 잠시 자리를 비운 사이 고초를 겪었는데, 남인이었던 좌찬성 약포 정탁鄭琢 대감이 임금에게 "이순신을 죽여서는 안 된다."라는 간절한 소를 올려 겨우 살려냈다. 정탁 대감은 선조를 의주까지 호종했던 신하로 옥중의 이순신을 죽음의 문 앞에서 살려낸 것이다.

또한 류성룡은 임진왜란 직전 무신이던 이순신을 정읍 현감으로, 다시 전라좌수사로 파격 발탁해 임진왜란을 대비한 선견지명으로 유명하다. 백의종군으로 전쟁터에 달려간 이순신은 다시 수군통제사로 복귀했다. 이순신은 왜군을 격퇴할 자신은 있었지만 자신의 앞날에 대해서는 자신할 수 없었다. 선조에게 유난히 미움을 받았고, 조정의 대신들에게도 온갖 탄핵의 대상이 되었기 때문이다. 그렇지만 오로지 풍전등화 앞에 선 나라만큼은 꼭 구하는 것이 도리라고 서애 선생과 공감하고 있었다.

선조가 이순신을 제거하려 한 것은 왜군이 쳐들어오자 나라를 버리고 중국으로 도망갈 궁리만 하던 자신과 이순신이 너무나 대조적이었기 때문이다. 무능한 군주의 충성스런 신하에 대한 시기가 극에 달했는데 이때 '명나라 피란 불가'를 주장하던 류성룡도 미움을 단단히 사게 되었다.

위기 속에서 나라를 구한 이순신에 대한 백성들의 신망은 날로 높아갔으며 피란길에 백성들에게 둘러싸여 욕설을 들어야 했던 선조는 이미 나라를 구하고자 하는 마음이 없었다. 그의 마음속에는 오로지 국경 너머의 랴오둥遼東 (요동)행뿐이었다.

류성룡은 임진왜란이 발발(1592년 4월 13일)한 그달 30일, 선조가 궁궐을 버리고 개성으로 도망갈 때 좌의정이었다. 선조는 피란 가면서 도성을 버리고 파천한 데 대한 신하들의 불만이 거세지자 자신의 파천에 찬성해준 영의정 이산해를 희생양 삼아 파직하고 하는 수 없이 류성룡을 영의정으로 임명했다. 이때 류성룡은 삼도 도체찰사도 겸직해 전란의 군 총수가 되었지만, 오로지 도망가기에 급급한 선조와의 이견 속에서 국경선 의주까지 피란을 가야 할 수밖에 없었다.

명나라 원군의 도움으로 한양으로 돌아오고 이순신 장군이 왜적을 크게 물리쳐 종전이 확실시되자 선조와 북인들은 류성룡을 노골적으로 제거하고자 했다. 더 이상 조정에 머물 수 없다고 판단한 류성룡은 1598년 9월 27일 스스로 사직을 청한다. 멀리서 해전에 임하던 이순신 장군도 이 소식을 접하고 상념에 젖어든다.

류성룡은 결국 11월 19일 파직되었다. 그런데 공교롭게도 바로 이날 새벽, 이순신 장군은 전사한다. 두 사람의 운명은 떼려야 뗄 수 없는 고리로 얽혀 있다. 이순신 장군은 18일 저녁, 일생의 마지막 전투인 노량해전을 펼친다. 퇴각하는 왜군을 한 명도 남김없이 전멸시키겠다는 의지로 대승을 거두고 19일 새벽 2시경 적탄에 맞아 쓰러진다.

역사의 기록은 그러했다. 그런데 이순신 장군의 사망에 대해서는 항상 3가지 '설說'이 따라 붙는다.

첫 번째가 역사의 기록처럼 전력을 다해 진두지휘하다 전사한 것이고, 두 번째가 자살설이다. 즉 대승으로 나라를 구해 장수로서 임무를 완수했지만 이후에 자신이 맞이할 정치적 역풍을 생각해 갑옷을 벗고 왜군의 표적이 되는 위치에 몸을 맡겨 자살을 택했다는 것이다. 당시 조정의 상황으로 보면 수긍이 갈 수도 있는 부분이지만, 빗발치는 포탄 속 통제사가 갑옷을 입지 않고 지휘했다는 것은 상식적으로 이해가 되지 않는다.

마지막 세 번째가 은둔설이다. 승전을 확인한 장군은 전사로 발표하고 실제로는 야음을 틈타 은둔의 길로 접어들었다는 것인데, 이는 전사 사실을 장남 회薈와 조카 분芬, 그리고 몸종 김이金伊, 이렇게 세 사람만이 알고 있었다는 점과 장군의 장례식 과정에서 생긴 많은 의문점이 드러난 데서 비롯된 설이다.

정설에 의한 장례를 보면, 11월 19일 사망했다는 이순신 장군의 시신은 20일이 지난 12월 10일 고향 아산으로 옮겨졌고, 국가가 장례비를 지원했음에도 그로부터 80일이나 지난 다음에 치러졌다. 이는 이해가 가지 않는 부분으로 지적되었다. 석연찮은 일은 또 이어진다. 그로부터 16년이 지난 1614년, 묘가 특별한 이유도 없이 다시 이장된다.

여기에 무슨 말 못할 사연이 있다는 주장이 나온 것이다. 특히 일부에서는 이에 대해 은둔설의 가능성을 강하게 제기했다. 그러나 은둔설은 꾸준히 제기되어왔지만 은둔한 곳이 어딘지는 지금까지 특별히 알려지지 않았다. 그런데 이순신 장군이 은둔하며 살았다는 유일한 마을이 있다. 바로 봉화 십승지마을 도심촌이다. 이 마을에 그 내용이 구전되고 있다.

도심촌에는 갑옷골이라는 지명이 있는데 이순신 장군이 들어와 살아서 생겼다는 말이 전해온다. 그러나 정확히 확인할 길은 없다. 400년간 이어진 구전이니 어떤 뚜렷한 증거가 없이는 인정받기가 어렵다. 하지만 답사에 동행한 춘양면 이장협의회 서헌수 회장은 이 마을에 이순신 장군이 임진왜란 이후 들어와서 살았다는 이야기가 옛날부터 있어왔다고 했다. 또한 마을에서 만난 주민 홍원표 어르신도 갑옷골은 이순신 장군과 관련이 있다는 이야기를 들어왔지만 정확한지는 알 수 없다고 했다.

남쪽 해상에서 전사했다는 이순신 장군 이야기를 듣기도 힘들었던 그 옛날, 이 산골 사람들이 아무런 근거도 없이 이 마을에서 이순신 장군 이야기를 불쑥 꺼낼 수는 없었을 것이다. 그러니 일단 귀가 쫑긋해지는 건 사실이다.

이순신 장군이 도심촌에 은둔했다는 사연은 이렇다.

임진왜란이 끝나던 해에 영의정 류성룡은 당파싸움으로 자신이 더 이상 조정에 있을 수 없다는 판단을 했고, 그렇게 되면 이순신의 뒤를 더 돌봐줄 힘이 없기 때문에 어떻게든 살릴 묘안을 짰다는 것이다. 이순신 역시 자신의 앞날이 순탄치 못함을 잘 알던 터였다. 류성룡 선생은 이순신과 서로 혈육처럼 믿고 의지하던 절친이었던 만큼 이순신을 봉화 도심촌으로 몰래 피신할 수 있게 철저히 준비했다는 것이다. 그렇게 해서 승전을 확신한 이순신은 아들과 조카에 의해 전사자로 발표되는 사이, 야음을 이용해 봉화 도심촌으로 향했다는 것이다.

당시 도심촌에는 류성룡 선생의 형 운룡과 모친이 피란 와서 살고 있었다. 그리고 류성룡 선생 자신도 파직된 후 12월 5일 이 마을로 들어와 이듬해 봄까지 살았는데, 이때 이순신과 함께 지냈다는 것이다. 이순신 장군은 도심촌에 은둔해 16년간을 살다가 사망했는데 그때가 1614년 이장한 것과 관련이 있을 것이라는 말이다. 말하자면 이전의 것은 가묘이고 이번이 진짜 묘라는 말이다. 갑옷골 이야기도 그래서 관련성을 부여하고 있다. 노량해전은 이순신 장군이 평소에 하지 않았던 야간 전투였다. 적이 전쟁을 거의 포기하고 도

주하는 상황에서 굳이 조선 해군이 서툰 야간 전투를 벌일 필요가 없었던 점 등도 이 은둔설을 뒷받침한다는 주장이 많다.

은둔 사실은 감히 기록으로 남길 수 없는 것이어서 결정적인 증거는 있을 수 없다. 서애 선생 역시 임진왜란 회고록인 『징비록』에서 "이순신 장군이 노량해전에서 전사했다."라고 기록하고 있다. 은둔설이 사실이라 해도 서애 선생이야 당연히 그렇게 기록할 수밖에 없었을 것이다. 그것이 이순신 장군을 위하는 것이기 때문이다. 이순신 장군의 은둔설은 근래에 종종 있었지만 구체적으로 살았다는 동네가 어디인지 알려졌다는 데 그 의의가 있다. 그곳이 바로 이 봉화 도심촌이다. 그러나 이는 어디까지나 구전에 의한 '설說'이다.

장군이 전사한 직후에 휘하의 장수가 아닌, 처음으로 참전한 어린 조카가 함선에서 지휘했다는 역사적 정설도 의문점이 많은 것은 사실이다. 하지만 자살설과 은둔설이 이 정설을 뒤집으려면 확실한 자료가 나와야만 가능할 것이다.

이순신의 장렬한 전사가 역사의 정설이지만 자살이나 은둔을 했다고 해도 이 또한 그의 우국충정을 시기하고 국난 앞에서 당쟁과 입신양명에만 혈안이 되어 있던 실권자들의 희생양일 뿐이다.

서애 류성룡 선생은 이순신 장군보다 3살 위이지만 어릴 때부터 서울 건천동(현 중구 인현동)에서 자라면서 평생 동지로 살아왔다. 문관이던 서애는 무관인 이순신의 뒤를 항상 돌봐주었다.

춘양 도심리는 십승지라는 이유로 류성룡과 형 운용, 모친, 그리고 100여 명의 일족이 전란에 피신했던 것은 엄연한 사실이고, 이에 이순신 장군마저 은둔해 살았다는 설까지 품고 있는 마을이니 보통 마을은 아니다.

소라왕국이 자리 잡았던 무릉도원

소라왕국이 있었던 도심리 일대 십승지마을로 가는 길은 아늑한 고향길 같은 느낌을 준다. 봉화 춘양면은 태백산 정남쪽 줄기 각화산 아래에 자리하고 있다. 봉화읍에서 울진으로 향하는 36번 국도를 따라 동쪽으로 15km쯤 가면 춘양면 소재지가 나온다. 이곳에서 북쪽으로 약 9km 정도 들어가면 도심리다.

필자는 춘양면 소재지에 있는 만산고택에서 하룻밤을 보내고, 이튿날 아침에 서헌수 춘양면 이장협의회 회장과 향토사학을 연구하며 군청에 근무하는 이문학 계장, 권헌문 춘양면 부면장과 만나 십승지마을 답사에 나섰다. 이 계장은 조부가 김소월의 시에 나오는 평안도 영변 약산 진달래마을에서 십승지를 찾아 이곳으로 이주해 온 후손이다. 이 세 분은 십승지에 대해 많은 관심을 갖고 연구해온 분들이라 유익한 도움을 많이 받을 수 있었다.

북쪽으로 가는 88번 지방도로를 자동차로 10분쯤 가다 고갯길에서 차를 세웠다. '돌고개'라고 불리기도 하는 석현石峴이다. 지금은

마을로 들어가는 입구로, 도로가 뚫리기 전에는 이 내천을 건
너야 십승지마을로 들어갈 수 있었다.

산을 깎아 완만한 찻길을 만들어서 산 너머 동네에 어려움 없이 들
어갈 수 있지만, 이 길이 없으면 산이 병풍처럼 가로막는 지형이다.

이 계장은 여기서 볼 것이 있다며 내천 쪽으로 안내했다. 산비탈
의 개천은 풍부한 수량에 유난히 맑았다. 운곡천으로, 남쪽으로 흘
러 낙동강 품에 안긴다. 이 내천은 한 번도 마른 적이 없었다고 한

다. 옛날에는 이 협곡의 내천을 거슬러 올라가야 산 너머 동네로 들어갈 수 있는 유일한 통로였다고 한다. 하지만 외부 사람들은 이 닫힌 산속에 들어갈 생각을 못했다.

경사가 심해지는 지점에 이르니 내천이 우측으로 급하게 꺾어지며 이쪽 산과 건너편 산이 포개지듯 겹쳐져 안쪽 마을을 가려주는 지형을 이루었다. 마치 출입을 통제하기라도 하는 듯한 지형이다. 물살이 센 천을 건너 안쪽 마을로 들어가려면 이 험한 지형을 조심스럽게 뚫고 들어가야 한다.

절벽에는 키 큰 바위가 기둥처럼 서 있다. 그 바위에는 언제 새겼는지도 모르는 '석문동천石門洞天'이라는 한자가 새겨져 있다. 이 계장은 이것을 보여주려 한 것이다. 들어가는 관문이 돌로 이루어져 있고 그 안의 세계가 '동천', 즉 '별천지'라는 뜻이다. 이 안이 무릉도원임을 선포하고 살던 사람들이 새긴 모양이다. 그곳이 차단된 마을에서 외부 세계와 드나드는 출입구다.

마치 무릉도원에 나오는 풍경처럼 좁은 동굴을 비집고 들어가니 환한 세상이 펼쳐졌듯이, 여기서도 협곡의 험한 물길을 어렵게 건너니 안쪽 마을 초입이 나타났고 고원분지가 시작되는 아름다운 경치가 펼쳐졌다. 이 일대를 '자개동子開洞'이라고도 부르는데 이는 가상의 이상촌이다. 즉 난이 없고 평화롭게 살 수 있는 곳이다. 바위 문이 마을의 성문 역할을 하는데, 문은 자시子時(23~1시)에 열리고 축시丑時(1~3시)에 닫힌다고 해서 자개동이라고 불린다.

신라 7대 일성왕逸聖王이 서기 139년에 이 석문을 통해 태백산에 올라 제례를 지냈다는 기록이 전한다. 그러고 보면 기원전부터 이미 이곳에 하나의 별천지가 존재했음을 짐작할 수 있다.

이 계장은 이 글이 언제부터 있었는지는 알 길이 없다고 하는데 모진 비바람에 바랜 흔적은 역력했다. 약 40년 전 처음 발견했지만 아직도 이 존재를 아는 사람은 별로 없다고 했다. 마을에는 광활한 분지가 있다. 이를 보기 위해 다시 걸어 나와 차를 몰고 석현고개를 넘어서니 넓은 농토와 민가들이 보이기 시작했다. 높은 산들 사이로 분지가 끝없이 이어졌다. 아침 안개가 저 멀리 산허리에 걸린 모습은 마치 '여기가 진정한 무릉도원이 아닌가' 하는 분위기를 자아내기에 충분했다. 책에서 읽고 느끼던 별천지가 눈앞에 펼쳐진 느낌이다.

동쪽에 각화산, 서쪽에 옥석산, 남쪽에 문수산, 그리고 북쪽에는 시루봉이 장벽처럼 둘러싼 그 안에 큰 마을들이 살포시 들어앉아 있다. 그 뒤편에는 태백산이 이들 준봉을 호령이라도 하듯 내려다보고 있다. 1,000m가 넘는 준봉들 사이에 이렇게 넓은 분지가 있다니 놀라울 따름이다. 시냇물과 넓은 농토가 있어서 이 안에서 자급자족이 가능했다.

해발 1,500m가 넘는 태백산이 500m 부근 허리춤에 만들어 숨겨놓은 분지는 한국판 무릉도원으로 보이기에 충분했다. 분지는 북서 방향에서 남동 방향으로 나 있었다.

필자가 찾아간 어느 봄날의 도심리 일대는 무릉도원의 복숭아꽃

풍산 류씨 일족과 이순신 장군이 은둔했다고 전해지는 도심
촌 일대에는 복숭아꽃 대신 사과꽃이 만개해 있다.

대신 하얀 사과꽃이 만발했다. 서 회장은 이곳 사과가 전국에서 가
장 맛있다고 소개했다. 엄마 품에 안겨 있던 여자아이가 금세 사과
밭 속으로 사라졌다. 이런 시골에서 어린아이를 마주칠 수 있었던
것도 '별천지이기 때문일까.' 하고 생각해보았다.

해발 500m 안팎의 고도는 사람이 건강하게 살 수 있는 조건들

을 갖추고 있다. 연중 신선한 공기와 기온이 온화한 고장이지만 겨울에는 영하 27℃쯤은 수시로 내려간다고 했다. 그러니 겨울이면 따뜻한 봄날을 그리워했을 것이다. 면 소재지 이름인 '춘양春陽'은 봄볕을 기다리며 지은 모양이다.

분지 중간쯤 가서 다시 차를 세웠다. 지금은 애당1리로 불리는 옛 도심촌, 도로 옆에 큰 비석이 눈에 들어온다. 이 도심촌에 피란 와서 살았던 겸암 류운룡 선생을 기리며 풍산 류씨 후손들이 세운 비석으로 "문경공 겸암 류선생 도심촌 유적비文敬公 謙菴 柳先生 道心村 遺蹟碑"라고 새겨져 있다(68쪽 사진).

이곳에서 만난 마을 주민 홍원표 어르신이 옛이야기를 들려주었다. 이 마을에 갑옷골과 감동골이라는 지명이 있는데 갑옷골은 이순신 장군과 관련이 있다는 이야기가 있고, 감동골은 비가 안 올 때 기우제를 지내면 꼭 비가 내렸는데 이에 감동해서 감동골이라 부른다고 한다. 어르신은 운곡천은 늘 물이 흘러내렸지만 비가 안 와 논밭이 가물 때는 기우제를 지냈는데, 젊었을 때 몇 번 참여한 적이 있다고 한다.

문수산 자락 계곡에서 기우제를 지내는데, 반드시 개를 잡은 뒤 그 피를 주변에 마구 뿌리고 제를 올린다. 산신령이 개와 그 피를 아주 싫어해서 비를 뿌려 피를 씻어낸다는 것인데, 홍 어르신은 제를 지내고 내려오다 보면 거짓말같이 폭우가 쏟아졌다고 한다. 어르신의 체험담이 필자에게는 그저 옛날이야기처럼 들린다. 관정을 판

요즘은 기우제를 지내지 않는다고 한다.

어쨌든 우리 조상들은 그렇게 살아왔다. 우리는 다시 소라궁궐터 (황터)로 향했다. 2천 년 전 부족국가가 초기 신라의 속국이 되면서 조용히 사라진 왕국이다. 이곳은 서벽마을로 '소라리'라고도 부른 다. 넓은 분지의 끝, 북쪽 산 아래 자리 잡았던 것으로 추정되는 궁 궐터는 느티나무 고목으로 울창해졌고, 건축물에 쓰인 것으로 보이 는 돌무덤만이 작은 왕국의 유물임을 말해주는 것 같았다.

그때도 그 유명한 춘양목으로 궁궐을 지었을까? 궁궐은 어느 정 도였을지, 모양은 어땠을지 궁금하다. 작은 부족국가였을 테니 환상 적인 궁궐은 아니었겠지만 동서남북으로 1,000m가 넘는 산으로 둘 러싸인 고원분지 내의 소국小國의 모습이 자꾸만 상상된다.

예전에는 몇 가지 유물이 있었는데, 먹고살기 어려웠던 시절이라 관심을 못 쏟다 보니 뱀장수들이 와서 모두 가져갔다고 한다. 우리 가 배고팠던 시절에 잃어버린 것들이 너무나 많다.

이곳엔 낡은 성황당이 있다. 한동안 없앴는데 주민들에게 안 좋 은 일이 자주 생겨 수년 전에 복원했다. 그러고 나니 더 이상 화가 일어나지 않았다고 하는데 참으로 신기하다.

되돌아 내려가 애당2리 계곡으로 들어갔다. 이 계장이 태어나 자 란 마을이다. '석문동'이라고 불리는 이곳은 분지 입구의 '석문동천' 이 말해주듯 십승지 중에서도 가장 핵심적인 피신처라고 한다.

협곡을 따라 올라가면 석문동과 참새골이 나오는데 골이 매우 깊

'석문동천'이라고 새겨진 분지 입구의 바위. 십승지마을 중에
가장 핵심적인 피난처라고 할 수 있다.

다. 석문동은 이북 주민들이 많이 내려와 화전민으로 살다가 6·25
전쟁 이후 다시 도회지로 많이 나갔고, 산림녹화를 위해 정부에서
소개하기도 한 곳이다. 지금은 풍산 류씨들을 중심으로 몇 가구만
남아 있다. 이곳에서 양봉업을 하는 주민 류희돈 어르신을 만났다.
103년 전에 하회마을에서 비결서를 보고 찾아온 후손이라고 자신

을 소개했다. 당시 일제강점기 때도 동네 주민들이 이곳으로 많이 이주해 왔는데, 계곡 위쪽 촛대바위 근처에만 한때 150가구가 있었다고 한다.

석문동 일대는 1900년대 초반만 해도 민가가 많았고, 광산이 생기면서 술집이 넘쳐났다고 했다. 파출소는 물론 초등학교가 두 군데나 있었던 그 시절을 생각하면 지금의 모습은 황량하기만 하다. 권 부면장과 서 회장, 이 계장은 지금은 1960년대의 마을 모습조차 전혀 찾아볼 수 없다고 회상했다.

석문동의 또 다른 작은 계곡을 올라가니 펜션처럼 생긴 암자에서 목탁 소리가 들려왔다. 비구니가 머무는 상운암인데 권 부면장과는 잘 아는 사이라 차도 한 잔 대접받을 기회를 가졌다. 거실처럼 생긴 공간에 둘러앉으니 창문 밖 저 멀리 문수산이 율동하듯 지평선을 그렸다. 스님은 돈을 적게 들이느라 절집을 이렇게 지었다고 했다. 근처 각화산에는 각화사가 있는데, 그 뒤쪽으로 올라가면 1606년에 지어 『조선왕조실록』을 보관했던 태백산사고의 터가 남아 있다.

이렇게 평온하고 아늑한 마을도 지난 2008년 집중호우 때문에 생전 처음으로 산사태가 나기에 이르렀다. 아직도 계곡 군데군데는 패인 상처가 그대로 있고 사방댐 공사도 한창이다. 삼재불입지지의 십승지마을에 '이상기후'라는 돌연변이가 들이닥친 것이다. 주민들은 재난을 막고 살기 좋은 고장으로 가꾸어나가기 위한 노력을 쏟고 있었다.

일대에는 최근 국립 백두대간수목원이 생겼다. 숲 해설가이기도
한 서 회장은 십승지마을은 오늘날까지 때 묻지 않은 청정지역이라
며 앞으로는 도시민들이 찾아와 정신적으로 힐링하고 갈 수 있는
마을이 되면 좋겠다고 했다.

봉화의 힐링 포인트

승부역 눈꽃열차

열차가 아니면 갈 수 없는 첩첩산중 오지마을로의 여행이다. 계곡에 온갖 전설이 서려 있는 승부역은 매년 12월부터 2월까지 중앙선을 순환하는 환상선 눈꽃열차가 운행된다.

닭실마을

조선 중기 문신 안동 권씨 집안의 충재 권벌 선생의 고택을 중심으로 한 전통마을이다. 영남 북부지방의 한옥 탐방이라는 점에서도 의미가 있다. 연못, 정자 등 운치 있는 배치가 볼 만하다. 풍수지리적으로도 명당 중 명당이다.

계서당

『춘향전』 이몽룡의 실존인물로 밝혀진 조선시대 성이성 선생의 생가다. 성이성 선생은 어릴 때 남원에서 몇 년간 살았고, 암행어사가 된 뒤에 남원으로 가기도 했다. 계서당은 'ㅁ'자형의 고택으로 한옥 탐방에 유익한 명소다.

청량산

이름에서부터 신선한 느낌을 주는 청량산은 기암괴석 등 자연 경관이 수려하다. 신라 명필 김생의 굴과 공민왕 유적 등 수많은 이야기를 품고 있는 아름다운 산이다.

청옥산 자연휴양림

백두대간의 해발 1,277m의 청옥산에 자리한 휴양림은 청정휴양림으로도 손꼽히는 곳이다. 해발 800m에 위치한 이곳은 오토캠핑장으로도 활용되어 사람들이 많이 찾는다.

봉화 토종 순두부

깊은 산속 승부의 토종 콩을 맷돌에 갈아 가마솥에 장작불을 지펴 전통적인 방식으로 만든 두부다. 고향의 정취가 그대로 배어 있다.

봉화 메밀밭

소천 메밀꽃 단지가 가을에 주요 명소로 부상하고, 이곳에서 생산된 메밀은 메밀묵으로 2차 상품화된다. 무공해 신토불이 식품이다.

송이 감자전

봉화는 송이의 고장이기도 하다. 태백산 아래서 채취한 송이의 독특한 향과 맛이 두메산골 감자와 조화를 이루는데, 이 맛은 봉화에서만 느낄 수 있다.

● 솔칼국수

솔잎을 갈아 만든 칼국수의 구수하고 그윽한 솔 향내가 별미의 세계로 안내한다. 고혈압 방지에도 좋은 솔잎으로 만든 솔칼국수의 맛은 잊을 수 없는 추억이 된다.

● 은어 요리

1급수에서 서식하는 은어는 담백한 맛과 영양가가 높은 민물고기로 각광받는다. 예로부터 회와 구이, 튀김은 물론 은어죽으로도 만들어 임금에게 진상했던 최고급 웰빙식품이다. 봉화 은어는 오메가3 지방산이 많고 피부 노화 방지에도 좋다.

백두대간의 중간에 위치한 속리산은 높고 깊은 계곡을 만들어 숨어살 수 있는 지형을 도처에 만들었다. 이 지역 일대 곳곳에 숨어 살면 어떠한 난리나 변고가 일어나도 다치지 않고 살아남을 수 있다는 약속의 땅이 되어준다고 한다. 보은 땅의 후덕함에 고려 공민왕도 넉 달간 은신할 수 있었다. 안동으로 몽진했던 공민왕이 환도하던 중 반란이 일어나자 보은 에서 머물며 때를 봐야 했다. 속리산은 왕도 보듬어 안았고 공주도 품어 준 땅이었다.

3장

몸을 숨기기에 좋은 곳,
보은 속리산

"보은 속리산 4개의 증항 근처, 난리에 몸을 숨기면 만에 하나 다치지 않는다 報恩俗離山 四甑項延地, 當亂藏身萬無一傷."

『감결』에서 말한 보은 속리산 십승지다. 4개의 증항 근처라고 할만큼 속리산을 둘러싼 주변 여러 곳에 은신이 가능하다는 뜻이다. '증甑'은 시루처럼 봉긋하게 생긴 산봉우리를 뜻하며 '항項'은 '고갯마루'를 의미하니 '산등성이 높은 고개'를 가리킨다.

속리산은 충청북도 보은과 괴산, 경상북도 상주의 경계선에 우뚝솟은 백두대간의 중심부로 수많은 봉우리와 깊은 계곡이 있다. 속리산에서 남쪽으로 뻗어 내린 구봉산과 그 남쪽 구병산을 중심으로 4증 8항 안이 십승지라고 하니, 그 지역이 무척 넓고 여러 곳에 분포되어 있다.

　그래서 보은 속리산 십승지는 다소 광범위한 영역을 말할 수도 있고, 쪼개서 각기 하나의 십승지로 볼 수도 있다. 이는 그만큼 속리산 일대에 피신처가 많다는 뜻이다. 그렇다면 이곳에서 누가 몸을 맡겼을까?

조선 최악의 핏빛 로맨스가 싹튼 땅

칼날 끝에 핏자국이 마를 날이 없던 거친 성격의 수양대군은 형 문종의 고명대신인 김종서 대감마저 죽였다. 그 후 어린 조카 단종의 왕위 찬탈에 본격적으로 돌입했다. 1453년에 일으킨 이 계유정난癸酉靖難은 정적으로 분류된 수많은 고관대작高官大爵을 도륙했다. 이어 단종까지 몰아내고 왕위에 오르자 딸 세희 공주가 아버지 세조에게 항변한다. "부왕마마, 어찌 어린 상왕과 어진 신하들을 이렇게 죽이십니까. 후세 사람들이 아바마마를 어떻게 평하겠습니까."라며 울부짖었다. 어려서부터 슬기롭고 영리해 집안의 사랑을 독차지했던 공주였다.

　딸에게 일격을 당한 세조는 크게 노해 "참으로 괴이한 계집애로다. 당장 끌어내 사약을 내려라."라며 호통쳤다. 그의 불같은 성격은 이미 아버지 세종도 늘 걱정했던 부분이다. 세희 공주가 꼼짝없이 죽을 상황에 처하자 왕비 윤씨가 애원했지만 통할 리 없었다. 왕비는 급히 금은보화를 보자기에 싸고 공주에게 남장을 시켜 유모와 함께 궁궐 밖으로 멀리 피신시켰다.

이들이 누군가에게 숨어 살 만한 피란처를 듣고 내려온 걸까? 한양에서 다른 사람의 눈을 피해 험한 길로 걸어 내려가기를 열흘 남짓, 지친 두 여인은 속리산 계곡 큰 소나무 아래에서 지친 몸을 쉬었다. 이때 마침 젊고 우직한 나무꾼이 다가와 지게를 내리고 쉬기 시작했다. 서로를 의식하던 차에 나무꾼 총각이 말을 건넸다. "어디로 가시는 길이신지요? 무척 피곤해 보이십니다."라며 두 여인을 번갈아 살핀다. 나무꾼은 이어 "오늘은 날도 저물고 여기에서 다른 마을까지 가려면 한참 걸어야 하니, 우리 집에 가시는 게 어떠신지요?"라고 물으며 반응을 살폈다.

두 여인은 17~18세 정도로 보이는 나무꾼 총각에게 믿음이 간데다 지친 몸을 생각해 그 뒤를 따랐다. 산속 바위 밑 움막이 총각이 혼자 사는 집이었다. 겁은 났지만 워낙 다정하고 성실한 총각의 모습에 저녁까지 얻어먹고 하룻밤 동안 신세를 졌다.

이튿날 아리따운 젊은 여인은 병이 나고 말았다. 자리에 누워 하루가 이틀이 되고 이틀이 사흘이 되는 사이, 이들이 여인이라는 사실이 드러났다. 다급해진 나이 든 여인이 총각에게 말했다. "우리는 한양 대갓집 아녀자들인데 큰 화를 당해 숨어들어온 길이니 부디 숨어 살 수 있게만 해주십시오."라며 호소했다. 이 말을 들은 총각은 눈물을 글썽이며 자신도 화를 피해 홀로 이곳으로 숨어와 살고 있다며 같은 처지이니 함께 지내자고 했다.

여러 날 동안 한솥밥을 먹으며 한 방에서 지내다 보니 남녀 간의 이성의 벽도 눈 녹듯 허물어졌다. 결국 날을 잡아 냉수 한 사발로 성례를 올리고 부부가 되었다. 드디어 나무꾼이 물었다. "이제 한몸이 되었는데 숨길 게 무엇이 있겠소. 부인은 대체 어느 집 따님이시오." 이에 젊은 부인은 "저는 아바마마의 사약을 피해 궁궐에서 몰래 빠져나온 공주입니다."라고 답했다. 그러자 나무꾼은 벌떡 일어나더니 절을 한 후 말을 이었다. "처음부터 귀인인 줄 짐작은 했으나 어떻게 이런 일이…. 저는 절재 김종서節齋 金宗瑞 대감의 둘째 손자입니다. 가족이 멸족당할 때 하인의 도움으로 도망쳐 이곳으로 숨어들어왔습니다."

조선 최악의 원수 집안 자식끼리 맺어진 핏빛 사랑의 서막이다. 공주의 아버지 세조가 정적인 나무꾼 총각의 할아버지 김종서 대감을 죽였는데, 그 자식들이 결혼을 하고서야 서로 원수 집안 출신임을 알게 되었다. 하지만 둘 다 결국은 세조를 피해 목숨을 건지려고 속리산으로 들어온 것이었다. 속리산은 사람을 살려주는 땅이었던 것이다.

순천 김씨 멸문지화 속에서 겨우 몸을 보전한 총각과 세조의 맏딸 세희 공주의 운명적인 만남은 이렇게 시작되었다. 이들은 정답고 단란한 가정을 이루며 아들딸을 낳아 잘 키우며 살아갔다.

세월이 흐른 어느 날, 세조가 이 마을에 온다는 소식이 전해졌다. 공주는 눈앞이 캄캄해졌다. 늘 피부병에 시달리던 자신의 아버지가 전국의 명산대찰을 찾아 유람치료하던 차에 속리산으로 온다는 것이다. 세조는 속리산 문장대 아래에 있는 복천사(현 복천암)의 신미대사를 만나러 행차했다. 그는 조선의 숭유억불 정책과 달리 불교에 유난히 힘을 보태준 왕이었고, 이전부터 신미대사와 함께 한글 창제에 관여하는 등 친분이 두터운 사이였다.

한양에서 왕이 행차한다는 소식에 첩첩산골 시골 사람들이 모두 구경을 나왔다. 공주는 7살, 5살 난 아이들에게 밖에 나가면 절대로 안 된다며 단단히 일렀다. 하지만 아이들은 어느새 동네 사람들 틈에 끼어 있었다. 왕이 큰 소나무 마을에 다다랐을 때 주민들이 모두 길가에 줄을 지어 섰다. 왕이 어가御駕를 멈춰 세우고 주민들에게 화답하는데 앞줄의 여자아이가 유난히 눈길을 사로잡았다. 뭔가 이상한 느낌이 들었다. 사약을 받고 죽은 딸과 너무나 닮은 모습이었던 것이다. 왕은 조용히 신하를 불러 아이의 집을 탐문케 하고는 복천사로 향했다.

다음 날 평복을 한 세조는 신하 둘과 함께 아이의 집에 들러 물한 잔을 청했다. 문틈으로 아버지임을 확인한 공주는 깜짝 놀라며 뒤뜰 가마에서 숯을 굽던 남편과 아이들을 데리고 뒷문으로 달아났다. 한동안 사람이 나오지 않자 신하가 집을 뒤져보니 빈집이었다. 역적의 가족으로 판단한 신하는 급히 군사들을 풀어 마을에 진을 쳤다. 이 마을이 지금까지 전해져 내려오는 '진터마을'이고, 가마솥이 있던 그 계곡이 '가마골'이다. 세조는 자신의 딸이 죽지 않고 여기에 숨어 살았음을 직감했지만 내색할 수가 없었다. 그는 더 이상 천륜을 저버릴 수 없어 군사를 철수시켰다.

공주의 일가족은 속리산을 넘어 반대편 상주 땅으로 들어갔다. 아이가 둘이나 있어 멀리까지 도망가지 못한 공주는 상주시 화북면에 숨기 좋은 곳을 찾아 들어갔는데, 그곳이 바로 백악산 바위 보굴암이다.

그 공주는 왕실의 족보에도 오르지 못한 세희공주다. 족보에는 세조의 자녀가 2남 1녀로 되어 있는데, 그 1녀는 의숙懿淑공주로 정인지의 맏아들 현조顯祖와 결혼했다는 기록이 나온다. 세조가 사약까지 내려 죽이려 한 딸을 족보에 올릴 리가 없었다. 족보에 오르지 못한 비운의 세희공주와 김종서 대감 손자의 사랑 이야기는 야사와 함께 보은 속리산 계곡에서 꾸준히 전해 내려오고 있다.

그 큰 소나무가 정이품송이고, 진터마을과 가마골은 정이품송 옆 동쪽 계곡에 있다. 이 정이품송은 세조가 탄 가마가 나뭇가지에 걸리려 하자 세조가 "연輦 걸린다." 하고 소리치니 나무가 스스로 가지를 들어 올려주었다고 한다. 세조는 이 신통한 나무에 벼슬을 내렸는데 바로 '정이품'이다. 요즘으로 치면 장관급이니 이 정이품송은 600년 넘게 장관직에 올라 있는 것이다.

조선 후기 문인 서유영徐有英이 1873년에 쓴 『금계필담錦溪筆談』에도

600년 이상 된 소나무 정이품송은 조선 최악의 핏빛 로맨스를 담고 있다.

이 이야기가 전해진다. 또 다른 이야기로는 김종서의 손자가 아닌 셋째 아들 김승유가 공주와 살았다고 한다. 김승유는 당시 순천 김 씨 멸문지화 속에서 형들이 아버지와 함께 죽을 때도 살아남았다. 전남 담양 집성촌 대동보에도 그의 이름이 올라 있다고 한다. 하지 만 나무꾼의 나이가 17살쯤이라면 김종서가 계유정난으로 화를 입었을 때가 70세인 만큼 아들보다는 손자로 보는 게 순리일 것 같다. 이곳 『보은군지報恩郡誌』에는 김종서의 둘째 손자로 기록되어 있다.

백성의 반란에 왕도 은둔한 곳

1차 침입 때 참패한 홍건적紅巾賊이 1361년 10월 고려를 2차 침입했다. 홍건적은 중국 원元나라 말기 허베이성河北省에서 일어난 한족漢族 반란군으로 머리에 붉은 두건을 둘렀다고 해서 붙은 이름이다. 판청潘誠, 사리우沙劉 등이 10만 명을 거느리고 압록강을 건너 11월 하순 고려 왕도王都 개경을 점령했다. 이를 피해 공민왕은 복주福州(안동)로 몽진했다.

공민왕은 이듬해 정월에 최영崔瑩과 이성계李成桂 장군 등에게 명해 20만 명의 병력으로 개경을 포위해 반격에 나섰다. 눈이 내린 겨울, 적이 방심한 틈을 타 고려군이 급습해 적장 사리우를 비롯해 대부분을 섬멸했다. 이때 정세운이 큰 전과를 올렸다. 홍건적의 시신은 넘쳐났고 놀란 적들은 무기를 내던지며 압록강을 건너 달아났다.

도읍을 수복하자 공민왕은 2월 25일 행재소行在所인 안동을 떠나 속리산 아래 보은의 관기로 향했다. 이때 정세운의 전공을 시기한 김용金鏞이 정세운과 주변 인물들을 차례로 죽이고 반란을 일으켰다. 외침을 격퇴하고 나니 내분이 일어난 것이다.

환도할 수 없었던 공민왕은 보은군 마로면 관기리에 몸을 맡기고 때를 보고 있었다. 졸지에 또 다른 피난처가 되어버린 속리산 아래에서 무려 4개월을 보내야 했다. 다행히 이 속리산 주변은 몸을 온전히 보전하기에는 아주 유리했다.

공민왕은 이곳에 머물면서 앞산에 곡식을 저장할 창고를 짓고, 죄수를 다스릴 감옥과 성도 쌓도록 했다. 현재도 불리고 있는 원앙골은 사창社倉이 있었던 곳이며, 옥갈머리는 '옥이 있었던 곳'이라 해서 그렇게 부르게 되었다. 그리고 마로면의 소재지를 '관기官基'라 부르는 것은 공민왕이 명명한 '관기舘基'에서 연유한 것이라고 한다. 이때 공민왕은 근처 속리사俗離寺에 행차해 통도사通度寺의 소장품인 불골佛骨, 사리, 가사袈裟를 살폈다.

현재 마로면에서 송현리 웃솔고개로 넘어가는 고개를 '왕래재'라 부르는데, 공민왕이 상주에서 이 고개를 넘어 관기에 왔다고 하는 이야기를 갖고 있다.

관기를 떠나 청주로 가던 공민왕은 삼승면 원남에서 비를 만나 여기서 하루를 또 머물렀다. 이곳이 왕래원이다. 그때 공민왕을 수행하던 염제신廉梯臣, 이암李岩 등 7명의 원로 대신들이 모여 앉아 화기애애한 이야기를 나누며 시를 짓고 놀았는데, 대장군 김하적金何赤은 피리를 불고 장군 김사혁金斯革은 비파를 타며 대산 황석기黃石奇가 부르는 시에 화답시를 지었다고 한다.

황석기가 지은 시는 당시의 상황을 잘 설명해준다.

푸른 옥잔은 깊고 술맛은 아름답구나

거문고 소리는 느린데 피리 소리는 길다

그중에 가느다란 노랫소리 들리니

일곱 늙은이 서로 즐기는데 수염은 서리 같네

인민군도 힘들어서 못 들어온 땅

보은 속리산 십승지는 이미 수많은 선현들이 거쳐갔다. 굳이 몸을 피할 목적이 아니더라도 이 땅을 찾고자 멀리서 찾아온 사람들이 줄을 이었다.

통일신라시대 고운 최치원孤雲 崔致遠 선생은 서기 886년(현강왕 12년)에 속리산에 와서 경치를 구경하고 다음과 같은 시를 남겼다.

도(진리)는 사람을 멀리하지 않는데 사람은 도를 멀리하려 하네道不遠
人人遠道

산이 세속을 떠나지 않는데 세속이 산을 떠나려 한다山非離俗俗離山

『삼국유사』에는 다음과 같은 이야기가 전해온다. 미륵신앙을 체현한 불교계의 큰 별 진표율사眞表律師가 서기 776년(혜공왕 2년)에 김제 금산사에서 속리산으로 가는 도중에 소달구지를 탄 사람을 만났다. 그런데 갑자기 소들이 진표율사 앞에 다가와 무릎을 꿇고 울기 시작했다. 주인은 깜짝 놀라면서 "이 소들이 어째서 스님을 보고 우는 것입니까? 그리고 스님은 어디에서 오시는 길입니까?"라고 물었다. 그러자 율사는 "나는 금산사의 진표라는 승僧인데, 내가 변산邊山의 불사의방不思議房에서 절을 짓고 이제 수도할 곳을 찾아서 오는 길입니다. 이 소들은 현명하기에 내가 계법을 받은 것을 알고 꿇어앉아 우는 것입니다."라고 했다.

주인이 "짐승도 이러한데 하물며 사람이 어찌 신앙심이 없겠습니까?"하고 스스로 머리카락을 잘라 제자가 되었다. 율사는 속리산 골짜기에 이르러 길상초吉祥草가 난 곳을 표시해두고 다시 명주溟洲(강릉)를 거쳐 금강산에 가서 발연수鉢淵藪사를 창건했다. 속리산이 오래전부터 도를 닦은 사람들의 터전이었음을 잘 보여준다.

속리산은 조선 중기 임경업林慶業(1594~1646년) 장군이 청년 시절 7년간 은둔하며 무예를 닦은 곳이기도 하다. 속리산 정상 문장대 근처의 경업대와 입석대가 모두 임경업 장군의 전설이 서려 있는 곳이다. 바위 바닥에 '천지신명 조화대天地神明 造化臺'라고 새겨진 경업대는 임경업 장군이 천문, 지리와 병법을 닦은 곳이다. 이곳에 와서 무예를 연마하던 임 장군은 부처님께 신력을 내려주기를 소망하며 백일기도를 올렸다. 그러던 어느 날 달밤에 바람을 타고 사람의 모습을 한 검은 그림자가 날아오자 임 장군은 일어서서 "이 요괴는 누구냐?"하고 소리쳤다. 그것은 다름 아닌 독보대사獨步大師였다.

속리산 깊은 곳에 자리 잡은 법주사의 불상. 법주사는 고려
공민왕이 몽진 중에 들른 곳이며, 조선시대에는 세조도 거쳐
간 사찰이다.

임 장군은 독보대사를 스승으로 모셨다. 스승은 임 장군에게 석
굴 옆의 샘물을 하루 다섯 번만 마시면 장사가 된다고 일러주었다.
그리고 이 바위를 쪼개서 길을 내면 신력을 얻을 것이라고 말했다.
독보대사 곁에서 무술을 닦던 임 장군은 마침내 5년이 되던 해 9월

9일, 부처님께 기도한 후 온 힘을 다해 바위를 내리치니 바위가 '쩍' 하고 두 동강이 났다. 그 바위 근처에 장군이 수양하던 석굴이 있고, 그가 마시던 샘물이 있다. 이 샘물은 참으로 영험해서 한 모금만 마셔도 몸에 상쾌한 기운을 돌게 한다고 해서 요즘도 산행을 하는 사람들이 꼭 들렀다 가는 약수터다. 임경업 장군이 마셨다 해서 '장군수'라고도 부른다.

경업대에서 잘 보이는 돌기둥이 서 있는 바위가 입석대다. 입석대는 높이가 무려 13m나 되는 거대한 돌기둥으로 원래는 누워 있었다고 한다. 하루는 독보대사가 임 장군에게 "입석대의 누워 있는 돌을 세워놓으면 그만 하산해도 좋다."라고 말하자 임 장군이 얼른 달려가 일으켜세우려 했으나 힘에 부쳤다. 임 장군은 자신의 부족함을 알고 더욱더 체력을 단련한 후 1년이 지나 수련한 지 7년째 되던 해에 바위를 세우는 데 성공했다. 그 바위 밑에는 철판이 받쳐져 있다고 하니 누워 있던 바위를 세우긴 세운 모양이다.

독보대사의 특별과외를 받은 임 장군은 마침내 하산해 1624년 이괄의 난을 평정하는 데 큰 공을 세웠다. 하지만 인조가 청나라에 무릎을 꿇은 뒤 청이 명나라를 공격하기 위해 조선 군대의 파병을 요구하자 임 장군을 파견했는데, 이는 무려 세 차례나 반복되었다. 임 장군은 철저한 친명반청親明反淸주의자였으므로 명나라와 내통해 돕다가 결국 체포되었다.

조선 후기 이중환은 『택리지』에서 이 속리산 일대를 "속리산의 증항瓶項과 도장산道莊山은 구불구불한 골짜기가 있어 난리를 피할 수 있는 최상의 복지福地"라고 했다. 또한 기름진 땅으로 유명한 관기리를 사람 살기에 가장 적당한 가거지可居地로 꼽았다.

『감결』에서도 "보은의 속리산 아래 증항 근처는 전란 때 이곳에 몸을 숨기면 만인 중 한 사람도 상하는 일이 없다."라고 했다. 그러나 대를 이어 몸을 보전할 곳은 못 된다고 부연했다.

증항은 4증항이라 했듯이 4곳의 증항, 즉 시루봉瓶峯이 분포되어 있는데 그 일대가 은둔하기에 좋다고 본 것이다. 속리산면 배상록 면장과 보은의 십승지마을로 불리는 질신리와 변둔리, 적암리, 백운동마을, 구병리를 차례로 돌며 십승지마을의 모습을 답사했다.

서쪽에 있는 시루봉 아래의 질신리는 조용한 농촌의 모습을 하고 있었다. 배 면장은 이 마을에도 예전에 서울에서 내려와 살다가 다시 전라도로 옮겨 간 사람이 있다고 했다. 그리고 이곳이 터가 좋아 국회의원이 된 사람도 있다고 했다. 그 외에 특별한 점은 없어 보였다.

이어 마로면 변둔리와 갈전리는 영동으로 가는 남쪽 시루봉이다. 도로도 좋아서 험한 느낌을 전혀 못 받았지만 옛날엔 만만찮은 산속 마을임에 틀림없어 보였다. 시루봉을 등에 지고 넓은 들 가운데에 한중천이 흐른다. 한중천은 보청천을 거쳐 금강으로 들어간다. 지금은 한중천에 저수지도 생겼다. 마을은 시루봉 좁은 기슭에 아기자기하게 둥지를 텄다.

남쪽의 시루봉에 위치한 변둔리는 계곡 속에 촌락을 형성했
고, 앞쪽에는 넓은 들판이 펼쳐져 있다.

현재의 마로면 적암리는 많이 현대화된 모습이다. 그도 그럴 것이
마을 한가운데 청원상주고속도로가 지나간다. 각종 체육시설도 건
설되었다. 이 적암리는 '작은 속리산'으로 불리는 아름다운 구병산
아래에 자리 잡은 동네로, 아담하고 보기 좋은 시루봉이 계곡 입구
에 있다. 동쪽의 시루봉으로 지칭되는 이 산 바로 옆에 속리산 휴게

적암리의 시루봉은 주변에 정감록촌을 형성하기도 했다.

소가 있어 구병산 경치를 즐길 수 있는 명소가 되었다. 하지만 안타
깝게도 십승지마을의 풍경은 많이 사라졌다.

옛날에는 동쪽의 협곡에서 서쪽으로 흐르는 적암천이 유일한 통
로였는데, 그 맞은편에 높은 산이 겹쳐 있어 안전한 은신처가 되었
을 법하다. 필자는 보은 속리산의 십승지마을 중 이곳에서 가장 아
늑한 느낌을 받았다.

임진왜란 때 근처를 지나던 명나라 장수 리루숭李如松이 이 산세에서 훌륭한 인재가 날 것이라며 결국 명나라에 위협이 될 것이라고 생각해 산의 맥을 끊었다는 이야기도 전해진다.

6·25 전쟁 때 이북에서 수많은 사람들이 적암리로 피란을 왔고, 근대화를 이루기 전까지만 해도 적암리 일대에 정감록촌이 존재할 정도로 은둔의 고장으로 유명했다.

북쪽의 시루봉이라 일컬어지는 내북면 이원리 시루봉은 보은 읍내의 북쪽에 위치한다. 이 마을도 시루봉을 중심으로 깊은 산속을 형성하고 있는데, 현재 주민들의 할아버지 대에 비결서를 가지고 많이 찾아온 곳이다. 또한 많은 학자들이 들어와 살며 공부한 곳이기도 하다.

이곳은 그다지 큰 농지는 없고 좁은 계곡에서 화전민으로 사는 사람들이 대부분이다. 마을은 지금도 고립된 산속이다. 시루봉 너머는 채석장이 생겨 산이 패여 나가는 등 자연 파괴로 흉물스러워졌다.

마지막으로 들른 마을은 구병산 북쪽 기슭의 구병리다. 구병산을 가운데 두고 남쪽의 적암리와 반대편에 있는 마을이다. 속리산 면사무소에서 삼가저수지를 지나 산골로 들어가야 한다. 수정초등학교 삼가분교를 지나 가파른 산길로 오르면 구병아름마을이다. 지금은 잘 지은 민박집이 경치 좋은 곳에 자리 잡고 있다. 제일 위쪽 마을로 가니 해발 450m 정도다.

17살에 이북에서 6·25 전쟁 때 피란 왔다는 한 할머니는 80세인

구병산 북쪽 마을은 6·25 전쟁 때 인민군도 들어오지 못한
곳으로, 이북에서 내려온 주민들이 아직도 살고 있다.

지금까지 여기서만 살았다고 한다. 예전에는 30가구가 있었지만 지
금은 7가구뿐이라고 했다. 전쟁 때 이 마을에서 가까운 상주 쪽 갈
고리에는 인민군이 왔는데 이 마을에는 전혀 들어오지 않았다고 한
다. 여기는 아무리 군인이라 해도 첩첩산중이라서 감히 들어올 생
각을 못했을 것이다.

산꼭대기 마을임에도 계곡물이 가파른 경사를 타고 힘차게 흘러 내렸는데 이 물이 마른 적은 없다고 한다. 할머니는 요즘은 지하수를 식수로 하지만 전에는 계곡물을 그대로 마셨는데, 그 물이 더 맛이 좋았다고 회상한다. 구병산 꼭대기에서 흘러내린 물인 만큼 마시고 나서 탈이 난 적이 없었다고 한다.

이 마을은 큰 농토는 없지만 산비탈마다 밭을 일궈 감자와 조, 옥수수 농사를 주로 짓는다. 할머니는 이곳이 공기가 좋고 물이 맑아 질병이 들이닥친 예도 없어서 자랑스러워 했지만, 지금은 마을 사람이 적어 내심 적적한 눈치였다.

오늘날 보은은 대추의 고장이다. 매년 10월이면 전국 규모의 대추 축제가 열리는데 원래는 구병리가 원산이다. 신라시대 때부터 임금에게 진상했다고 한다. 마을 곳곳마다 비닐하우스가 잘 갖추어져 있는데 다가가 보니 대추 농장이다. 하우스로 대추를 재배하는 이유는 나무의 키를 작게 해야 추수가 쉽고 깨끗한 열매를 수확할 수 있기 때문이다. 이처럼 보은은 몸을 숨기기에 좋은 곳이자 우수한 품질의 대추가 생산되는 곳이다.

*
보은의 힐링 포인트

속리산

속리산은 '한국8경' 중 하나로 꼽힐 만큼 수려하다. 깊은 산과 계곡은 연간 200만 명의 관광객을 불러 모은다. 해발 1,054m 의 문장대는 큰 암석이 하늘 높이 치솟아 흰 구름과 맞닿은 느낌이다. 능선을 잇는 등산로에는 비로봉, 관음봉, 천황봉이 피로를 잊게 한다.

법주사 & 정이품송

법주사는 의신조사가 553년에 처음 창건한 절로 '부처님의 법이 머문다'는 뜻을 갖고 있다. '국보와 보물의 창고'라고 불릴 만큼 희귀한 유물이 많다. 세조가 탄 가마가 나뭇가지에 걸리려 하자 나무가 스스로 가지를 들어올려 이를 신통하게 여긴 세조가 정이품 벼슬을 내렸다. 이 정이품송은 600살을 넘기며 살고 있다.

구병산

속리산의 남쪽에 있는 해발 876m의 명산이다. 속리산의 명성에 가려져 있지만 워낙 아름다운 산으로 등산객들 사이에서는 유명하다. 속리산과 잇는 43.9km를 '충북알프스'라고 부른다.

삼년산성

신라시대에 축조한 성으로 우리나라의 대표적인 석축산 성으로 꼽힌다. 자비 마립간 13년에 축성을 시작한 지 3년 만에 완성했다 해서 삼년산성이라 부른다. 신라는 전략 요충지인 보은의 이 삼년산성을 구축함으로써 삼국통일의 기반을 다졌다.

만수계곡

속리산에서 발원한 삼가천 상류에서 삼가저수지까지 4km에 이르는 계곡의 절경과 유리알 같은 맑은 물로 심신의 피로를 풀 수 있다. 잠시 세속은 잊고 조용한 사색의 세계로 빠져들어 보는 것도 좋다.

대추 한정식

보은은 대추의 고장이다. 이미 『세종실록지리지』에서 도 '보은 대추가 으뜸'이라고 했을 정도로 품질이 뛰어난 식품이다. 대추에는 강장작용, 피로회복, 해독, 해열 작용이 있고 사포닌, 무기질 등 각종 영양소가 함유되어 있어 장수식품으로 인정받고 있다. 군에서는 보양 음식으로 대추 한정식을 개발했다.

남원 운봉은 삼한시대 때부터 천혜의 전략적 요충지로 주목받으며 많은
사람들이 살았던 땅이다. 지리적으로 덕유산에서 뻗어 내려온 백두대간
과 지리산 바래봉이 에워싼 고원분지여서 외침으로부터 안전하게 방어
할 수 있는 땅이었다. 이성계의 탁월한 전술이 승리를 이끌었지만 십승
지 땅의 기운이 그에게 승전을 안겨주었다는 전설도 가진 고장이 바로
남원 운봉이다.

4장

불치병도 낫게 한다,
남원 운봉

"운봉 행촌이다雲峰杏村."

『감결』에서는 남원 운봉의 십승지를 아주 간결하게 피력했다. 이
와 달리 조선 중기 예언가인 남사고는 『남격암 산수십승보길지지』에
서 비교적 자세히 설명하고 있다.

"운봉 두류산 아래 동점촌 100리 안, 영구 보신할 만하다雲峰頭流山下
銅店村百里內 可以永保之地."

하지만 옛 지명과 오늘날의 지명이 달라 넓은 의미로 보면 운봉
일대 전역을 십승지로 보고 있다. 100리라고 한 것처럼 운봉 일대

(아영·인월·산내 포함) 전역이 외부 세계와 차단된 고산준봉의 분지 안에 들어앉아 있어 피신처로 삼았다.

이곳은 해발 500m대의 고원분지로 예로부터 천혜의 요새를 갖춘 지형으로 크게 주목받아왔다. '십승지'라고 하면 오히려 사람들의 주목을 받지 않고 몰래 찾는 곳이어야 하는데도, 운봉 일대는 삼한 시대부터 철이 많이 나면서 사람들이 대거 모여 살기 시작했다. 인 근 달궁은 마한의 왕이 진한의 난을 피해 들어와 작은 왕국을 세웠 을 정도로 요새였다.

운봉은 지리산 북서쪽의 바래봉 기슭에 위치하며 남원시에서는 가까운 동쪽에 있다. 하지만 해발 200m대의 남원시와 비교하면 운 봉은 고원지대에 속한다. 그래서 남원과 운봉은 이질적인 부분도 많 다. 남원은 섬진강 수계를 가졌고, 운봉은 낙동강 수계를 가졌다는 점이 가장 큰 차이점이다. 그리고 남원은 백제 땅이요, 운봉은 신라 땅으로 지금도 경상도 방언이 남아 있다. 그 경계선이 여원치다. 백 두대간이 덕유산에서 마지막 지리산으로 이어지는 고리 역할을 하 는 줄기로, 신라와 백제의 국경선 역할을 하며 오랫동안 존재했다.

난세에는 각지의 민초들이 이곳으로 들어와 정착했다. 동쪽으로 는 팔랑치가 있고, 서쪽에는 여원치가 있고, 북쪽에는 덕유산 자락 이 흘러내려와 막았으며, 남쪽은 병풍처럼 지리산 바래봉이 버티고 있어 사면이 자연 성벽을 이루고 있다. 경상도 쪽에선 팔랑치, 전라 도 쪽에선 여원치를 넘어야 들어갈 수 있었으니 이 두 고개만 잘 방

지리산 북서쪽에 있는 바래봉의 모습

어하면 안전한 십승지가 되었다.

남원에서 들어가는 여원치는 아흔아홉 고개를 넘어야 했다. 그래서 시대별 변란이 있을 때마다 이곳에 진을 치면 승리하곤 했다. 동학혁명 때만 해도 이 지형 덕을 톡톡히 봐 여원치 아래에서 밀고 올라오는 동학군을 격퇴했다.

이성계, 조선 개국의 주춧돌을 놓다

1380년(우왕 6년) 9월 이성계 장군이 군사를 이끌고 천리행군을 할 즈음, 안개로 자욱한 아흔아홉 고개가 나타났다. 정상에 오르니 사방을 분간할 수 없는 안개 속에서 백발의 노파가 장군 앞에 홀연히 나타나 전승戰勝 전략과 날짜를 계시하고 사라졌다. 이곳은 해발 200m의 남원 지역에서 해발 500m의 지리산 바래봉 아래 운봉고원에 오르는 관문인 여원치(여원재)였다. 남원에서 들어가는 관문이다.

이 백발의 노파는 이웃인 경상남도 함양의 절세미인이었는데 왜구의 적장 아지발도阿只拔都가 젖가슴에 손을 얹고 희롱하자 스스로 젖가슴을 칼로 도려내어 자결한 원신怨神이었다.

왜구를 물리치고 큰 공을 세운 이성계는 훗날 이 노파가 산신령이라 여겨 고갯마루 석벽에 여상女像을 새기고 산신각도 지어 그를 기렸다. 그 후 이 산신령이 사는 고개라 해서 '여원치女院峙'라 부르고 있다. 이 여상은 도려낸 가슴에 손을 얹고 있다.

이성계가 이곳에 이르기 한 달 전, 왜구는 군산 일대 앞바다에서 500여 척의 전선戰船으로 침입해 약탈을 일삼았다. 그러다가 최무선의 화포에 격파되어 타고 갈 배가 없게 되자 내륙으로 침투했다. 그 잔존 세력이 경상남도 함양 지리산 기슭의 사근내역(현 수동면 화산리)에 진을 쳤다.

또다시 위기의식을 느낀 조정은 북방 전투 경험이 많은 이성계를

황산대첩비. 고려를 벌벌 떨게 했던 왜적장 아지발도를 이성계 장군이 무찌른 역사적인 장소다.

양광·전라·경상의 삼도 도순찰사로 임명하고 섬멸할 것을 명했다. 이성계가 도착하기 전에 장수 배극렴, 하을지, 박수경 등이 공격했지만 무예가 뛰어난 적장 아지발도에 의해 무려 500여 명의 병사가 전사했다.

고려 명장을 격퇴한 10대 후반의 아지발도는 사기충천해서 인월역에 진을 치고, 고려 조정의 간담을 서늘하게 하는 포고를 발표했다.

"장차 광주 땅 금성산성에서 말을 먹인 뒤 곧 북상하리라."

겁에 질린 민심은 크게 동요했고, 왜구의 약탈과 살육으로 이성계가 천 리 길을 행군하는 길가에는 시신이 즐비했다.

이성계가 남원에 도착하자 대패의 충격에 빠졌던 장수들은 크게 기뻐했다. 이들은 지금 당장은 진격하기 어려우니 남원에서 기다리다가 적이 오면 섬멸하자고 건의했다. 이 말을 들은 이성계는 크게 호통치며 "토벌을 위해 진군한 군사가 공격하는 것이 당연한 일이거늘, 적을 보고도 공격하지 않는다면 어찌 옳은 일인가." 하고는 다음 날 진군 계획을 명했다. 이 전투는 무려 10배나 많은 적을 상대로 목숨을 건 전투였다.

다음 날 이른 아침, 이성계는 휘하 장수들과 함께 승전을 기원하는 맹세를 한 후 운봉고원을 향해 진격했다. 예로부터 천연요새라고 불린 운봉고원을 가로질러 함양으로 가는 길목인 황산에 이르러 진을 쳤다. 이곳은 바로 왜구 진영의 코앞이다.

신기를 발휘하는 어린 적장 아지발도를 그리 쉽게 볼 상황이 아니었기에 진을 치고 공격 기회를 봐야 했다. 작은 황산은 남쪽에 남천이 협곡을 따라 흐르고, 북쪽은 아영을 지나 함양으로 가는 울도치가 있다. 이성계는 인월 지역을 조망할 수 있는 정산 봉우리에 올라 인월역의 적진을 관망했다. 이어 풍천이 흐르는 동쪽의 낮은 산줄기와 평지를 이용해 진퇴를 거듭하기를 수차례, 해는 또 저물어갔다.

이렇다 할 전과가 없자 이성계는 전략을 바꾸어 매복하던 적을 유인해 세 차례에 걸쳐 대거 격퇴했다. 겁을 먹은 적들은 달아나 인월리 험한 산 위에서 전열을 가다듬었다. 이후 싸움은 매우 긴박하게 진행되었다.

다시 밀고 당기기를 거듭하던 중 적장 하나가 창을 겨누고 이성계 뒤쪽으로 달려들 때였다. 휘하 장수 이지란이 "영공令公, 뒤를 보시오."라고 외치며 순식간에 활을 쏘아 적장의 목을 뚫었다. 이성계 장군이 생사의 갈림길에서 벗어나는 순간이었다.

그러나 위기는 다시 찾아왔다. 피아 구분이 어려운 긴박한 전투 속에서 이번에는 적의 화살이 장군의 왼쪽 다리에 꽂혔다. 이성계는 화살을 스스로 뽑아버리며 병사들에게 공격을 독려했다.

사투를 벌이는 적의 기세도 꺾일 줄 몰랐다. 수많은 적이 쓰러졌지만 애당초 10배나 많은 왜구는 이성계 장군을 포위해 창과 칼을 겨누었다. 다시 생사를 눈앞에 둔 이성계는 옆의 기병들과 눈빛으로 전술을 주고받은 뒤 순식간에 8명의 목을 베고 포위망을 뚫고 나왔다. 이성계는 지친 병사들에게 소리쳤다. "겁먹은 병사들은 물러가라. 나는 적에게 죽겠다." 하니 다시 모두가 사기충천했다. 그럼에도 어리고 용맹스런 적장 아지발도에게 겁먹은 병사들은 쉽게 나아가지 못하고 있었다.

아지발도는 이 왜구 무리의 적장이다. 날쌔고 칼과 창을 쓰는 솜씨에 누구도 당해낼 자가 없어 고려 병사들은 그를 '어리다'라는 뜻의 '아지'와 '용감하다'라는 뜻의 몽골어 '발도'를 붙여 아지발도라 불렀다. 오로지 아지발도로만 불리고 기록에도 그렇게만 전해져서 실제 이름은 알 수가 없다.

전투는 이 아지발도를 죽여야 끝난다. 이성계는 아지발도를 생포하라고 명했다. 그러자 이지란 장수가 "아지발도를 생포하다가는 수많은 병사의 희생을 치러야 합니다."라고 조언했다.

아지발도는 두꺼운 갑옷과 빈틈 하나 없는 투구를 쓰고 있어 활을 쏘아도 뚫을 수가 없었다. 방도를 찾던 이성계가 마침내 이지란에게 말했다. "내가 활을 쏘아 투구를 벗길 터이니 그 순간 너는 저자의 목을 쏘아라." 하고는 투구를 향해 힘껏 활을 당겼다가 놓으니 투구가 비스듬히 기울었다. 아지발도가 황급히 투구를 고쳐 쓰자 이성계의 두 번째 화살이 바람을 가르며 날아갔고 끈이 떨어진 투구는 비스듬히 벗겨졌다. 때를 놓치지 않고 이지란이 활을 날리자 아지발도를 맞추었고 그는 피를 토하며 쓰러졌다. 그가 쓰러진 자리에는 아직도 붉은색이 남아 있는데 이것이 '피바위'다.

이에 혼비백산한 적들은 우왕좌왕했고 고려군은 총공세로 섬멸하며 고려사에 길이 남은 황산대첩을 완성했다. 황산대첩은 최무선의 진포대첩, 정지의 남해대첩, 최영의 홍산대첩과 함께 '고려 4대승첩'이라고 부른다. 이때 적들은 불과 70여 명이 살아남아 지리산으로 달아났다고 전해진다. 적병들의 피가 천을 이루어 7일간이나 물을 마시지 못할 정도였다. 또한 노획한 말이 무려 1,600여 필에 병기

이성계 장군과 휘하 장수의 활을 맞고 쓰러진 아지발도가 피를 흘린 바위라 해서 피바위라 부른다.

도 산더미처럼 쌓였다.

목숨을 건 이성계는 황산대첩을 끝내고 개선하는 길에 자신의 뿌리이자 종친들이 모여 사는 전주 오목대梧木臺에서 전주 이씨 종친들과 함께 연회를 베풀었다.

이성계는 이 자리에서 권력을 향한 원대한 야심을 드러냈다. 종친이 둘러앉은 가운데 이성계 장군은 취기가 돌자 술잔을 잡고 노래를 한 곡 뽑는다.

큰 바람 일고 구름은 높이 날아가네大風起兮雲飛揚

위풍을 해내에 떨치며 고향으로 돌아왔네威加海內兮歸故鄉

내 어찌 용맹한 인재를 얻어 사방을 지키지 않을소냐安得猛士兮守四方

이는 큰일 날 노래였다. 감히 임금의 신하가 입 밖에 내서는 안 될 말을 이성계는 작심하고 내뱉었다. 한漢나라를 세운 유방劉邦이 부른 〈대풍가大風歌〉에 자신의 포부를 빗대어 드러낸 것이다.

앞에 있던 종사관 포은 정몽주는 깜짝 놀라 급히 자리를 떴다. 말을 몰고 건너편 남고산南固山으로 내달린 정몽주는 정상 만경대에서 북쪽 하늘 아래 임금을 향해 울부짖었다.

천 길의 바위머리 돌길을 굽이굽이 돌아千仞崗頭石經橫

산 위에 올라서니 내 마음 달랠 길 없네登臨使我不勝情

청산에 남몰래 다짐했던 부여국이건만青山隱約扶與國

황엽만 백제성에 소리 없이 쌓이네黃葉繽紛百濟城

9월 가을바람 불어오니 나그네 시름 잦아九月高風愁客子

백 년의 호탕한 뜻 서생이 그르치는가百年豪氣誤書生

먼 하늘 저무는 해 뜬구름 마주치니天涯日沒浮雲合

고개 돌려 속절없이 궁궐을 우러르네矯首無由望玉京

　고려의 명장 이성계가 체제 전복의 야심을 드러냈다. 왜구가 대규모로 침입해 지리산 일대에서 노략질을 일삼자, 남원 운봉에서 황산대첩을 이루고 종친들 앞에서 야욕을 드러냈다.

　그로부터 12년 후, 이성계는 드디어 왕위에 올랐다. 그리고 고려 왕조의 왕씨王氏를 몰아내고 이씨 조선을 창업했다. '성姓'을 바꾼 왕조, 역성혁명易姓革命이다. 연회석을 박차고 일어났던 정몽주는 정치 성향이 같았던 이성계와 줄곧 동반자로 지냈지만 고려 사직을 지켜야 한다는 자신의 주장만은 굽히지 않았다.

　함께 가기를 바라던 이성계의 아들 이방원(훗날 태종)이 마지막으로 술상 앞에서 정몽주의 마음을 떠본다. 바로 〈하여가何如歌〉다.

　　이런들 어떠하리 저런들 어떠하리此亦何如 彼亦何如
　　만수산 드렁칡이 얽혀진들 어떠하리城隍堂後垣 頹落亦何如
　　우리도 이같이 얽혀서 백 년까지 누리리라我輩若此爲 不死亦何如

정몽주가 이에 〈단심가丹心歌〉로 답한다.

　　이 몸이 죽고 죽어 일백 번 고쳐 죽어此身死了死了 番更死了
　　백골이 진토되어 넋이라도 있고 없고白骨爲塵土 魂魄有也無

임 향한 일편단심이야 가실 줄이 있으랴向主—片丹心 寧有改理與之

56세의 정몽주는 결국 그날 밤 선죽교에서 이방원에게 죽임을 당하고 만다.

십승지 찾아 낳은 아들, 놀부와 흥부였네

조선 후기 세상의 어지러운 틈을 타 지리산 줄기 운봉고원 성산마을에 이름도 절도 없는 가난한 노총각이 찾아 들어왔다. 그는 자신이 박씨 성을 가졌다는 것 외에는 아는 게 없었다. 주민들은 뜨내기인 그를 외면했다.

당시 운봉은 지리산의 정기가 모인 십승지 길지로 알려져 각지에서 이곳을 이상향으로 삼아 입향하는 사람들이 줄을 이었다. 안동 권씨도 찾아왔고, 순흥 안씨도 먼 길 마다않고 들어왔다. 달성 서씨, 경주 김씨, 밀양 박씨도 이 고을에 새로 터를 닦았다. 박씨 청년도 그들 중의 하나였다.

성실했던 박씨 청년은 서서히 주민들에게 인정을 받기 시작했고 마침내 초가삼간을 마련했다. 나아가 자신의 딸을 내어주는 사람도 있어 색시도 맞았다.

가난했던 그들 부부는 어느 날 남루한 차림의 노인에게 은덕을

놀부와 흥부의 실제 모델이 된 형제가 태어나고 자란 성산마
을이다.

베풀고 나서 마을에서 제일가는 부자가 되었다. 하지만 부부는 가
난했던 시절을 생각하며 언제나 겸손했고 이웃 사람들에게 베풀며
살았다. 세월이 흘러 이들에게 아들이 둘 있었으니 형의 이름은 첨
지요, 아우의 이름은 춘보였다.

　심술보를 하나 더 달아 오장칠부를 갖고 태어난 형 첨지는 세상

의 못된 짓은 혼자서 다 하고 자랐다. 남의 밭 호박에 말뚝을 박고, 곡식의 싹을 싹뚝 잘라버리는가 하면, 불난 곳에 부채질하기, 남의 장독대에 돌 집어넣기, 물동이 이고 가는 여자에게 입 맞추기 등 안 해본 짓이 없는 괴짜였다. 이와 달리 아우 춘보는 착하고 효심이 넘쳤는데 아우를 보며 형은 점점 더 악동으로 사람들의 관심을 끌어냈다.

이윽고 형제도 모두 결혼했고 부모의 유산을 물려받을 때가 왔다. 첨지는 춘보를 불러 "우리가 장성했으니 너는 당장 처자를 데리고 나가 살아라." 하고 통첩했다. 첨지 부부가 작당해 내쫓자 춘보는 눈물로 애걸하지만 결국 빈손으로 쫓겨나고 말았다. 풀밭에서 자고 다리 밑에서 자면서 몇 달을 보낸 춘보는 살기 위해 어쩔 수 없이 먼 길을 떠나야 했다.

전라도 나주를 거쳐 충청도 강경에도 가고 경상도 상주에서도 살며 가족들은 방랑길을 이어갔다. 전국에서 살기 좋다는 고장을 다 다녀봐도 굶주림을 면할 길이 없자, 하는 수 없이 고향에서 20리 떨어진 복덕촌으로 들어왔다.

이 마을은 남원 운봉 아영면과 장수 번암면 접경지로 고을 인심이 좋아 우선 몸을 가누며 지낼 수는 있었다. 하지만 허기마저 채울 수는 없었다. 쌀 한 바가지 얻으려고 다시 형을 찾았지만 쫓겨나기는 매한가지였고, 밥 한 술도 못 얻어먹고 매만 맞고 돌아왔다.

돌아오던 길에 그 옛날 이성계 장군이 왜구를 크게 무찌른 황산

흥부가 쫓겨나기 전 마을 사람들을 동원해 벼를 타작했다는
마당. 터가 넓은 것을 보면 흥부네 집이 그만큼 부자였음을
알 수 있다.

근처인 인월을 지난다. 허기에 지친 춘보는 마을의 고갯마루에서 쓰
러졌다. 마을 사람들이 급히 업고 와 죽을 쑤어 먹이고 돌보니 깨어
났다. 그 고개를 지금도 마을 사람들은 '허기재'라고 부른다.

이 마을에서 만난 이종득 어르신은 훗날 흥부가 부자가 되어 자신을 도와준 마을 사람들에게 논을 사줬는데, 이를 '흰죽배미논'이라 부른다며 그 들녘을 가리키면서 설명해주었다.

착한 춘보는 아내에게 형님이 준 쌀과 돈을 도둑에게 빼앗겼다고 거짓말을 하지만 그 말을 믿을 아내가 아니었다. 통곡을 한 후 부부는 초상집과 잔칫집을 가리지 않고 품팔이를 하고, 전주 감영에 찾아가 매를 대신 맞아 돈을 벌기도 했다. 하지만 그렇게 해도 가난에서 벗어날 수는 없었다.

어느 날 이들의 사연을 들은 스님이 부부를 데리고 명당으로 이사하게 했다. 스님은 "이 땅은 300년 전, 그러니까 임진왜란이 일어나기 14년 전 천기에 밝은 한 도사가 선견지명이 있어 북두칠성 중 복성이 비추는 별빛을 따라 이곳에 터를 잡았소. 그리고 전란에 대비해 군량미를 저장했던 곳이오."라고 하니 춘보는 몹시 기뻐했다. 이곳이 아영면 성리마을이다.

이사를 하니 새 봄과 함께 강남 간 제비가 쓰러져가는 춘보네 집에도 찾아왔다. 제비가 낳은 6개의 알에서 새끼가 깨어났다. 이렇게 춘보는 제비와 인연을 맺어 크게 발복했고, 형 첨지와 그 가족은 폭도들에게 무참히 살해되었다.

이 이야기는 훗날 『흥부전』의 소재가 되었다. 우리나라의 대표적인 고전작품 『흥부전』은 가족과 형제 간의 사랑, 권선징악, 그리고 나누고 베풀자는 정신을 담고 있다.

그동안 『흥부전』은 하나의 이야기로만 전해져왔으나 남원 지방의 설화를 고증해본 결과, 놀부와 흥부는 실존 인물이었음이 밝혀졌다고 한다. 놀부인 형은 박첨지, 흥부인 동생은 춘보가 실존 인물이다.

〈흥부가〉의 '제비 노정기'와 '박타령' 속에 나오는 지명을 고증해서 밝혀진 곳은 운봉고원 한 켠에 있는 인월면 성산리가 놀부와 흥부의 출생지였고, 훗날 흥부가 전국을 유랑하다 돌아와 정착해 발복한 을은 이웃 아영면 성리였다고 한다. 이 두 마을은 아직도 놀부와 흥부를 위한 제를 올리고 있다. 삼월 삼짇날 박첨지 제사를 지내고 정월 보름에는 춘보망제를 지낸다.

이 성리에는 수십 년 전까지도 사금을 채취하러 사람들이 모였다. 그렇다면 흥부도 실제로 이 사금을 캐서 부자가 되었을지도 모를 일이다. 성리 근처는 정감록에서 십승지로 꼽아 임진왜란 때 각지에서 사람들이 찾아와 살았다고 한다.

남원 운봉은 이러한 판소리 소재 발원지인 동시에 동편제를 탄생시킨 고장이기도 한데 이는 결코 우연이 아닐 듯하다. 서편제가 애절하고 섬세한 여성적인 소리라면 동편제는 남성적인 소리다. 동편제의 시조 송흥록과 그의 아우 송광록, 송광록의 아들 송우룡, 또 그의 아들 송만갑으로 이어지는 판소리는 우리나라 '소리'의 큰 계보를 만들었다.

그 본거지가 이곳 운봉 비전마을이다. 인간문화재 박초월 명창의 고향이기도 하다. 이화중선, 안숙선도 남원이 고향이다. 이 소리의 고장은 또 역사를 거슬러 올라간다. 신라시대 거문고 명인 옥보고가 옥계동에서 거문고를 퉁기며 말년을 보냈다. 결국 운봉이 국악의 발상지이자 판소리의 성지가 되었다. 국립민속국악원과 가왕 송흥록 선생의 생가 등이 있다.

불치병도 낫게 하는 지리산 아래 '힐링도원'

현대 의학으로 손을 쓸 수 없는 상황에 놓인, 폐암에 걸린 한 중년 여성이 모든 걸 내려두고 도회지에서 운봉으로 들어왔다. 병원에서도 더 이상 손을 쓸 수 없을 정도라서 이제 손잡을 곳이 없다. 스스로도 손을 내밀기를 바라지 않는다. 이곳에 들어오기 전까지 이미 잡아볼 만한 곳은 다 잡아봤으니 말이다.

이젠 마음도 비웠다. 몸과 마음을 모두 자연에 맡기고 머잖아 다가올 '부름'만 기다릴 뿐이다. 하지만 그렇게 반년이 지나고 1년이 지났건만 부름은 없었다. 특효약을 쓴 것도 아닌데 몸이 좋아졌다. 현대 의학이 풀지 못한 과제였으니 어떻게 이런 결과가 나왔는지 정확히 설명할 수도 없다.

모든 걸 다 내려놓고 운봉에서 편히 지낸 것 외에는 딱히 한 일이 없다. 얼마 전까지 건강이 좋지 않아서 할 수 있는 일이 없었는데, 이젠 일을 안 하고 지내는 게 오히려 힘들어졌다. 그래서 언제가 될지는 모르지만 '그날'까지 마지막으로 작은 일을 시작했다. 바로 음

지리산 바래봉 아래 자리 잡은 운봉은 천혜의 요새다.

식점 운영이다. 시골 마을이니 그다지 붐비지도 않고 힘든 일도 아니다. 이젠 몸이 일을 원했다.

죽을 고비에서 모든 걸 놓아두고 운봉으로 들어온 한 중년 여성이 보란 듯이 건강해져서 지금은 정상적인 생활을 하고 있다. 도회지에서의 치열한 삶, 욕망을 앞세웠던 삶에서 자신도 모르게 심신이 망가져 불치판정을 받았는데 운봉이 사람을 살렸다.

필자가 운봉에 답사를 와서 만난 이영진 선생은 오랜 공직 생활을 마무리하고 향토사학을 연구하고 있었는데 그녀에 대해 이렇게 소개했다.

이 여성이 건강해진 것은 모든 걸 포기하고 이곳에 들어와 욕망을 내려놓은 것이 첫 번째 이유이고, 그다음은 지리산 아래 운봉의 맑은 공기와 물, 자연에 가까운 식생활이 두 번째 이유라고 한다. 즉 사람은 마음먹기와 주변 환경이 그만큼 중요하다는 이야기다. 고원 분지 운봉 땅은 일단 들어오면 평온한 느낌을 준다.

건강을 되찾은 사람 입장에서는 운봉 십승지마을이 그야말로 별천지인 것은 틀림없다. 기근·질병·전쟁으로부터 죽어가는 '사람의 씨'를 온전하게 보전해준다는 십승지다. 그래서 운봉은 '씨앗의 창고' 역할도 해왔다. 이 바래봉 기슭에 축산유전자원 시험장도 있어 전국이 광우병이나 구제역 소동이 있을 때 소를 이곳으로 피신시켰다. 국가에서 우리나라의 종자소도 이 십승지마을로 피신시킨 것이다. 운봉이 그만큼 질병으로부터 안전하고 생명을 보전할 수 있는 곳임을 잘 보여준 사례다.

이제 이 축산유전자원 시험장은 다른 곳으로 이전된다. 이 자리에는 최근 들어서기 시작한 새로운 무릉도원의 세계가 활짝 열리고 있다. 바로 지리산 허브밸리다. 21세기형 힐링 무릉도원이 조성되고 있다. 약 220억 원을 들인 허브동산은 백두대간의 종착지인 지리산의 정기와 함께 사계절 휴양지로 부활하고 있다.

봄엔 철쭉동산, 여름엔 물놀이와 캠핑, 가을엔 허브, 겨울엔 순백의 설산에서 즐기는 눈꽃축제가 지리산의 먹을거리와 국악의 성지 운봉에서 울려 퍼지는 득음과 함께 오감만족 힐링도원을 이루고 있다. 이곳은 전국의 십승지마을 중 가장 빠른 진화를 하고 있는 곳으로 평가받는다. 최근에는 휴양을 목적으로 귀촌하는 사람도 늘고 있다.

남원의 힐링 포인트

광한루원 & 춘향테마파크

『춘향전』의 배경이 된 광한루원은 우리 선조들의 자연에 순응하는 삶을 잘 표현한 정원이다. 조선시대의 대표적인 정원이기도 하다. 우리나라 4대 누각으로 꼽히는 광한루와 사랑이 이루어진다는 오작교를 건너면서 로맨틱한 시간을 보낼 수 있다. 건너편에는 춘향테마파크가 조성되어 있다.

지리산 일대

지리산은 3개 도, 5개 시군에 걸쳐 있는 거대한 산이다. 남원 쪽에서는 바래봉과 뱀사골, 달궁계곡 등이 관내에 있어 사시사철 색다른 옷으로 웅장한 경치를 뿜어낸다.

지리산 허브밸리

지리산 바래봉 아래의 허브밸리는 힐링도원으로 떠오르고 있다. 봄에는 철쭉, 여름에는 물놀이, 가을에는 허브축제, 겨울에는 눈꽃축제가 열려 사계절 오감만족 힐링을 제공한다. 오토캠핑장도 함께 운영해 신개념 휴양지로 발돋움하고 있다.

국악의 성지

동편제의 고장 남원 운봉에는 국악의 성지가 있다. 우리 민족의 혼이 담긴 전통예술 국악을 계승·발전시키기 위한 공간이다. 인근에 가왕 송흥록 선생의 생가도 있다. 이곳에서는 국악의 모든 것을 둘러볼 수 있다.

혼불문학관

작가 최명희의 대하소설『혼불』을 기념하기 위해 조성한 문학관이다. 한옥으로 마련된 전시관에는 최명희의 육필 원고와 소설의 장면을 형상화한 디오라마 등이 있다.

추어탕

남원에서 반드시 먹어봐야 할 음식이다. 남원 추어탕은 남원 내에서도 각 고을마다 서로 최고의 추어탕으로 내세울 만큼 자부심이 강하다. 고산지대에서 자란 미꾸라지와 무시래기, 된장, 토종 고춧가루, 들깻가루 등 갖은 양념으로 맛을 낸 추어탕은 본고장의 참맛을 느끼게 해준다.

예천 금당실은 태조 이성계가 조선의 새 도읍지로 정하려 할 만큼 관심을 끌었던 땅이었고, 고종황제와 명성황후를 위한 99칸 비궁이 지어지기도 했던 십승지마을이다. 6·25 전쟁 때 마을을 겹겹이 둘러싼 마을 외곽의 높은 산들이 총알받이 역할을 해주어 마을 주민들을 무사하게 지켜냈다. 마을의 남쪽 백마산은 허옇게 벗겨질 정도로 치열한 전투가 있었지만 그 산이 주민을 살려냈다는 게 주민들의 생각이다.

5장

인재가 많이 날 땅,
예천 금당실

"예천 금당실이다. 이 땅에는 병과가 들어오지 못하나 임금의 수레
가 다다르면 그렇지 못하다醴泉金塘室, 此地兵戈不入, 然王駕來臨則否也."

『감결』에서 말하는 예천 금당실 십승지다. 여기에는 "임금의 가마
가 오면 안 된다."라는 조건이 붙었다. 왜 느닷없이 예천에서는 임금
의 가마 이야기를 덧붙였을까? 예천 금당실은 태조 이성계가 도읍
지로 정하려 했던 곳 중의 하나였으나 큰 강이 없어 탈락했다고 전
해온 곳이다.

　어느 정감록에서는 '금당동 북쪽'이란 표현을 쓰고 있지만 이 일
대의 지형을 보면 지금의 용문면 사무소가 있는 금당실 일대가 그
대상이 아닌가 하는 생각이 든다.

동쪽으로는 옥녀봉, 서쪽에는 멀리 국사봉이 있으며 남쪽에 백마산, 북쪽에는 소백산 줄기가 내려와 매봉으로 완전히 차단된 곳에 넓은 분지가 있는 형국이다.

이곳의 분지는 워낙 넓은 평야로 이루어져 있어서 '이곳이 십승지가 맞나.' 하는 생각이 들 정도다. 들은 넓지만 이 들 전체가 높은 산으로 둘러싸여 있어 이 안으로 들어갈 엄두를 내지 못하는 곳이었다.

필자와 함께 답사를 한 이 마을 태생의 박희식 선생은 줄곧 고향에서 살며 향토사학을 연구하고 계시는데 "크게는 이 분지 전체를 십승지로 보는 게 합당하고 '금당동 북쪽'이란 표현은 지금의 면사무소와 오미봉 일대가 있는 상금당실을 특별히 지칭한 것 같은데, 북쪽 산 계곡이 더 가까워서 그런 표현이 나오지 않았나 생각한다." 라고 했다. 분지가 워낙 넓어 식량 확보에 문제가 없었고, 병과가 미치지 않으니 사람들이 살 만했다.

북쪽의 오미봉에서 내려다보거나 남쪽의 병암정에서 바라보면 이 십승지마을은 그림 같은 무릉도원의 세계다. 초록빛이 만연한 계절에 답사를 갔는데, 오미봉에서 내려다본 마을은 넓은 장벽산 속에 광활한 들판이 펼쳐져 있었고 오미봉 발 아래에는 그림 같은 한옥촌이 모여 있었다. 병암정에서 바라본 모습 또한 한없이 태평스러운 동네라는 느낌뿐이다.

금당실金塘室은 풍수적으로 '연화부수형'이다. '물 위에 뜬 연꽃 형

금당실 십승지마을 북쪽의 나지막한 오미봉에서 바라본 금당실 전경. 높은 산으로 둘러싸인 넓은 평야가 이채롭다.

국'이란 뜻으로 '자손이 번창하는 지형'을 말한다. 연꽃이 핀 연못을 뜻하니 '당' 자도 '못 당塘' 자를 쓰며, '금金'은 옛날 이곳에 사금이 많이 났음을 나타내는 글자다. 그래서 붙은 이름이 금당실이다. 재미있는 이름이다. 지금은 350여 가구, 약 700명의 주민이 살고 있다.

고종과 명성황후의 비궁은 저주였나?

대한제국 법부대신法部大臣(오늘날 법무부 장관)을 지낸 양주 대감 이유인李裕寅이 갑자기 금당실로 들어와 궁궐 같은 99칸짜리 대저택을 지었다. 경주 이씨에 김해가 고향인 그가 궁궐을 나와 아무 연고도 없는 금당실에 들어오자 모두가 깜짝 놀랐다. 그와 3형제, 가족도 함께 들어왔고 저택을 짓는 데 마을 사람들을 마구 동원해 가혹하게 부리는 바람에 민심을 많이 잃었다.

이유인의 이러한 행보에 마을 사람들은 '그가 왜 왔고 무엇 때문에 99칸 저택을 짓는지'를 궁금해했지만 일체 함구로 진행되어 알지 못했다. 그렇게 99칸 저택은 금당실에 번듯하게 지어졌고 빙 둘러 담장까지 쌓아 올렸다.

이유인은 원래 무당 출신이었다고 한다. 같은 무당 중에서 아주 친하게 지낸 여성 무당 한 명이 명성황후가 장호원과 충주로 피신해 다닐 때 환궁 날짜를 정확히 맞혀 황후의 총애를 받아 함께 입궐하게 되었다. 명성황후는 명륜동에 여무당의 거처도 마련해주고 수시로 궁궐로 불러 점을 봤다고 전해진다.

'기막히게 운 좋은 남자' 이유인은 단지 그 무당과 친하다는 이유 하나로 궁궐에 함께 따라가게 되었다. 궁궐로 간 이유인은 무관 벼슬을 하면서 고종과 명성황후와 본격적으로 가까워질 수 있었다. 이후 1898년 법부대신에 올랐다고 하니 사람의 앞날은 정말 한 치

앞을 내다볼 수 없다.

이유인은 법부대신이 되기 전인 1890년 양주목사도 역임했다. 그래서 이곳 금당실 주민들은 지금도 그를 '양주대감'이라고 부른다. 그렇다고 그의 출셋길이 마냥 순탄했던 것만은 아니다. 1898년 김홍륙 독다毒茶사건 처리 때 왕의 전교를 사칭한 죄로 처벌받기도 했고, 1900년에는 을미사변 연루자를 고종의 명도 없이 교형絞刑에 처한 죄로 유배를 가기도 했다. 하지만 그의 형벌은 짧게 끝났고 금세 복직되었다. 함경남도와 경상북도 관찰사를 역임했고, 오늘날 서울시장격인 정2품 한성부판윤漢城府判尹에 오르기도 했다.

이유인은 십승지마을 금당실에 99칸 대저택을 왜 지었을까? 당시의 시대적 배경과 고종 및 명성황후가 처한 상황 등을 종합해볼 때 다음과 같이 추론해볼 수 있다.

고종 재위 시절 일본과 청을 비롯해서 러시아와 서구 열강들이 군침을 삼키며 호시탐탐 조선을 주시하던 때였고, 명성황후도 흥선대원군과의 정치적 대치 속에 1882년 임오군란 직후 궁궐을 탈출해 장호원, 음성, 충주 등지로 피신을 다녀야 했다.

조정의 실권은 친일, 친청, 친러 세력이 잇따라 잡았다. 친일이 밀려난 틈을 타 황후가 환궁하면서 함께 간 이유인은 명성황후와 고종의 불확실한 미래에 대한 대비책을 절감했다. 이유인은 고종과 명성황후의 관심 속에서 승승장구하면서 유사시 그들의 안식처를 준비한 심복이었던 것이다. 이유인은 이러한 목적으로 안전한 피신처

명성황후 행궁터. 이유인 대감이 명성황후의 신변을 보호하
기 위해 99칸 행궁을 지었다. 그러나 명성황후의 사망으로
인해 비운의 저택으로 허물어져갔다.

였던 예천 금당실에 궁궐을 비밀리에 지은 것이다.

　박희식 선생은 예전 어르신들 말로는 명성황후가 이 집을 지을
때 몰래 와서 보고 갔다는 이야기도 있었다고 했다. 하지만 기록으
로 남길 수 없는 일이니 일단 마을에 그런 구전이 있다는 것으로만

이해해야겠다. 시대적 상황으로 볼 때 국운이 급속히 쇠퇴해가던 시절이었으니 무당 출신의 심복에게 많이 의존했을 법도 하다.

그런데 여기서 중요한 문제가 하나 생겼다. 예천 금당실은 여러 정감록에서 좋은 피신처의 역할을 하는 십승지 중 하나로 꼽혔지만 여기엔 조건이 있었다. 바로 '임금의 가마가 다다르면 안 된다.'라는 것이다. 하필이면 그 많은 십승지 중 이런 조건이 붙은 금당실에 어가가 거의 온 것이나 다름없는 상황이 되어버렸다. 황후의 왕래 여부가 그러하고, 이유인이 고종과 황후를 위해 행궁을 지었다면 이 또한 그러한 금기를 깨뜨리는 것이 된다.

명성황후는 환궁 후 미래를 대비해 과거 자신의 피신처였던 충주와 친정인 여주 등지에 행궁을 지으려 했지만 그 뜻을 이루지 못했다는 이야기도 전해져오고 있는데, 아마 금당실에서 그 뜻을 이루려 했는지도 모르겠다. 어쨌든 금기를 깨뜨린 상황이 되어버린 황후는 1895년 일본 낭인에 의해 피살된다. 정감록의 예언이 명성황후에게 저주가 되었다면 무척이나 소름끼치는 내용이다. '진나라가 호胡 때문에 멸망한다.'라는 예언을 떠올리게 하는 저주다.

그 후의 이유인의 결말도 끔찍하다. 고종과 황후의 지방 궁궐이 될 뻔했던 99칸 저택을 완공한 후 이유인이 한동안 그곳에서 살았는데, 다시 조정 실세가 된 친일파가 친러파인 이유인을 소환했다. 서울로 올라가던 이유인은 "내가 지금 서울에 가면 살아서 돌아오지 못할 것 같다."라고 말하고는 충주에 이르러 자결했다. 그의 무덤은 충주시 앙성면에 있다. 우여곡절 끝에 99칸 집은 이후 주인이 바뀌어 1960년대까지 존속하다가 폐가가 된 후 철거되었다.

이유인은 이 집을 지을 때 높은 벼슬자리에 있었다. 그래서 권력의 힘을 빌려 이곳에 내려와 주민들을 부당하게 동원하고 매질하면서 집을 지었는데, 이때 불만에 가득 찬 주민들은 집 기둥을 거꾸로 세워 지었다는 이야기도 전해온다. 나무 기둥을 거꾸로 세워 집을 지으면 망한다는 속설이 있다. 지금 금당실의 넓은 집터에는 그 시절을 증언이라도 해주려는 듯 큰 소나무 두 그루와 담장 일부만이 남아 있다.

6·25 전쟁을 막은 백마산이 사람을 살렸다

전란으로부터 안전을 담보하는 십승지이기에 금당실은 그야말로 입맛에 맞게 해석할 수 있다. 금당실을 비롯한 넓은 분지 외곽은 동서남북 사방으로 돌아가며 산이 둘러쳐져 있는데, 이 마을에서 예천읍으로 향하는 남쪽에는 백마산이 외부 세계와 차단막의 역할을 하고 있다. 덕분에 임진왜란과 일제강점기에도 아무 일 없이 지나간 이 마을에 6·25 전쟁 때 백마산에서 큰 전투가 벌어졌다. 이 전투가 얼마나 격렬했던지 울창했던 산이 완전히 민둥산으로 변해버렸다고 한다.

박희식 선생은 그때 민둥산으로 변해 백마산이라고 부른다고도 했다. 박 선생은 그 백마산이 당시 금당실 주민들을 총알로부터 살렸다고 했다. 만약 백마산에서 전투가 없었다면 인민군이 바로 들어왔을 테고 주민들도 큰 화를 입을 뻔했지만 그 산이 총알받이 역할을 했기 때문에 이 십승지마을이 무사했던 것이라고 한다.

그러고 보면 금당실은 6·25의 피해를 입지 않은, 분명 십승지마을로서의 은혜를 입은 게 분명하다. 마을 안에서 보면 워낙 분지가 넓어 자신들이 피난처 땅에 사는지를 의식하기 힘들지만, 외부에서 보면 높은 산들로 둘러쳐져 있어 이 안으로 들어올 엄두가 나지 않아 십승지의 위력이 발휘된 것이다. 이것은 역시 십승지마을을 둘러싸고 있는 지형지세가 전란의 화를 면하게 해주었다고 봐야겠다. 그러나 2% 부족한 게 있다면 마을 외곽 산에서 전투 자체가 아예 없었다면 더 완벽한 모양새가 되었을 텐데, 이 부분이 조금은 아쉽다.

이러한 일련의 일들로 인해 혹자는 금당실의 지기地氣가 다했다는 주장도 한다. 1890년대 중반에 일어난 동학운동 때는 동학의 북접北接이 금당실에 본부를 두고 안동부사와 예천군수가 거느린 관군을 공격한 것이 그러했고, 어가가 거의 온 것이나 다름없는 상황 역시 그렇다.

어쨌든 정감록에서 말한 것처럼 "어가가 다다르면 십승지가 못 된다."라고 한 예언은 이 마을에 고종의 비궁이 들어서면서 십승지의 약효를 떨어뜨려 결국 인민군을 거기까지 불러들인 상황이 된 게 아닌지는 모르겠다. 그러나 이건 맞고 저건 틀린다고 따지는 것은 그다지 중요하지 않을 것 같다. 그보다 중요한 것은 당시 이 마을에서는 별다른 전란의 화를 입지 않았다는 것이고, 지금도 금당실 주민들은 그 자체를 축복으로 여긴다는 점이다. 그것이 바로 이 마을이 십승지마을로서 받은 축복이었다.

마을을 살린 사례는 또 있다. 2010년 이웃 안동에서 시작된 구제역이 예천을 거쳐 전국으로 확산될 때 이 마을만큼은 질병 피해가 전혀 없었다고 한다. 요즘은 어느 곳이든 기본적으로 방제작업을 다 하지만 구제역이나 광우병은 전국의 가축을 초토화시킬 정도로 무서운 질병이다. 이곳 금당실 역시 옛날과 달리 사방으로 도로가 뚫렸고 외부 사람들이 자주 드나들지만 피해가 없었다는 게 놀라웠다. 박 선생과 박주상 부면장은 사람들이 십승지마을이기 때문에 전염병이 들지 않았을 것이라고 생각하고 있다고 전했다.

이러한 것들이 십승지마을의 보이지 않는 힘으로 느껴졌다. 주변 마을들이 다 피해를 입었는데 왜 이 마을은 건너뛰었을까? 이를 과학적으로 설명하기는 어려울 것이다.

전란을 온몸으로 막아준 산, 그리고 전염병도 들어오지 못하는 마을에 십승지의 '삼재불입三災不入' 요건 중 나머지 하나인 기근도 면하게 해준 마을이다. 십승지마을 중 유난히 넓은 평야를 가진 금당실은 식량 자급이 충분했다. 지금은 논으로 주로 벼농사를 짓지만 조선시대에는 밭이었고 조 농사를 많이 지었다고 한다. 이 넓은 농

조선시대 한옥들이 몰려 있는 금당실. 관광객들을 맞이하기
위해 말끔하게 꾸며져 있다.

토에 큰 강은 없지만 마을 중앙에 금곡천과 선동천이 마르지 않고
흘러 농사의 젖줄이 되어주었다.

　박 선생은 70년간 이 마을에서 살면서 단 한 번도 재해를 입는
것을 못 봤다고 한다. 주민들도 태풍이다 홍수다 가뭄이다 해서 늘
재해 속보를 접하지만 이런 일에 대해 전혀 실감하지 못하며 산다고
했다. 믿기 어려운 사실이다.

명나라 장수의 감탄 "인재 많이 날 땅, 싹을 잘라라!"

임진왜란으로 온 강토가 왜구에 의해 초토화되고 선조마저 의주로 피란 간 시점에 명明나라가 조선에 지원군을 보냈다. 이때 왜구는 이웃 용궁면에 대규모로 주둔하면서 조선을 침탈했다. 하지만 이곳 용문 금당실에는 감히 발을 들여놓지 못했다.

조선을 지원하러 온 명 장수 리루송李如松(이여송)이 왜구와 대적하고자 금당실로 들어왔는데 이 마을의 지형을 보고 깜짝 놀랐다. 금당실 북쪽에는 소백산 끝 줄기가 빠져나와 오미봉五美峰이란 작은 봉우리를 하나 만들었다. 이 오미봉을 연결하는 산세가 범상치 않음을 감지한 리루송은 "오미봉 산세를 보아하니 금당실에 인재가 많이 날 모습이다. 장차 중국에 해가 될 것이니 저 산의 맥을 끊어라."라고 명해 산등성이에 무쇠말뚝을 박았다고 한다. 이 산등성이가 무쇠장등성이다.

실제로 이 산골 십승지마을에서 대과에 급제한 사람이 15명이나 된다. 이뿐만 아니라 오늘날에도 법조계와 금융계 인사 중 이 마을 출신이 꽤 많다.

오미봉은 5가지 아름다움을 가진 봉우리란 뜻이다. 이는 아미반월雅美半月(아미봉에 걸린 반달), 유전모연柳田暮煙(하금당실 버들밭에서 피어오르는 저녁밥 짓는 연기), 선동귀운仙洞歸雲(선동으로 흘러가는 구름), 용사효종龍寺曉鐘(용문사에서 들려오는 새벽 종소리), 죽림청풍竹林淸風(죽림리에서 부는 맑은 바람)을 말한다.

금당실 마을에 오늘날 주민들의 조상이 들어와 살기 시작한 것은 대략 500년 전인 조선 초기부터다. 기록상으로는 500년 전 감천 문씨文氏 집안이 들어와 살았는데, 4대째 문헌文憲이라는 사람에 이르러 아들이 없고 딸만 둘 있었다. 그는 두 딸을 시집보내며 사위를 함양 박씨朴氏, 원주 변씨邊氏로 맞았고 이들을 불러들여 함께 살았다고 한다. 그 이후 여러 성씨들이 들어왔으며 지금도 이 마을에는 함양 박씨, 안동 권씨, 예천 권씨, 원주 변씨가 가장 많다.

그러나 이 마을에 3천 년 전부터 사람이 살았다는 흔적이 속속 발견되고 있다. 근래에 여러 기의 고인돌이 발견되면서 3천 년 전부터 어느 부족사회가 존재했던 것으로 보인다.

조선 중기 예언가 남사고는 이곳을 십승지의 하나로 꼽으며 '금당 맛질 반서울'이라 했다. 이는 이곳의 '금당과 맛질을 합하면 서울의 지형과 흡사하다.'라는 표현으로 그 역시 한강과 같은 큰 강이 없는 것을 아쉬워했다.

조선 중기 문신인 초간 권문해 선생의 조부 권오상 선생은 벼슬도 싫다고 해서 하금당실로 들어와 살았고, 권문해 선생은 이 마을에서 태어났다. 그도 좌부승지·관찰사·사간이 되었지만 벼슬을 버리고 이곳으로 낙향해 초간정을 짓고 풍류를 즐기며 살았다.

금당실에서 또 빼놓을 수 없는 것이 이 마을을 보호해온 '금당실 쑤'다. '쑤'는 '수藪'를 이 마을에서 '쑤'라고 읽는 것인데 소나무로 인공조림한 숲을 말한다. 겨울에는 북서풍을 막아주고, 여름에는 더위를 식혀주는 기능을 한다. 마을 북서쪽에 800m 길이로 무성한 이 송림은 풍수적으로 이쪽 지세의 기가 약해 비보림으로 조성한 것이다. 원래는 마을 주산인 오미봉에서 시작해 남쪽 끝 병암정까지 약 2km에 이르는 송림이었지만 그 절반 이상이 잘려 나갔다.

그 사연은 이렇다. 대한제국 때 러시아 측이 이 마을에서 금광을 채굴하느라 마을 주산 오미봉을 파헤치자 주민들이 반발하는 과정에서 러시아 측이 고용한 인부가 피살되었다. 이 사건은 외교 문제로 비화되었는데, 친러파인 이유인 대감이 해결사로 나서 이 송림을 팔아 필요자금을 마련하면서 잘려 나갔다고 한다. 이유인 대감은 99칸 저택을 지으며 주민들을 많이 학대하기도 했지만 한편으로는 주민들을 위한 일도 많이 했다. 이 대감은 송림을 불가피하게 잘라냈지만 나머지 송림은 잘 관리해서 주민들이 건강하게 살도록 노력했다며 사산송계를 조직해 자신과 주민들이 함께 계원으로 이름을 올렸는데, 그가 죽은 지금도 이 송계는 존속되고 있다.

오늘날의 금당실은 유교 문화와 고택이 많이 남아 있어 우리 전통마을의 모습을 잘 간직하고 있다. 이 고택과 돌담이 어우러진 풍경을 보러 관광객이 알음알음 찾아오기도 한다.

마을의 고택 반송재伴松齋는 영남 북부지방의 전형적인 사대부 가옥으로 볼 만한데 조선 후기 건축양식이 돋보이는 단아한 고택이다. 반송재 고택은 경상북도 문화재로 지정되었는데, 조선 숙종 때 도승

반송재는 전형적인 사대부 가옥으로, 조선 후기의 건축양식
이 돋보이는 단아한 고택이다.

지와 예조참판 등을 지낸 갈천 김빈葛川 金賓이 벼슬을 그만두고 낙향
해 1670~1690년경에 세워 '반송재'라는 이름을 붙였다고 한다. 안
채는 정면 5칸, 측면 3.5칸 팔작집이고, 사랑채는 정면 5.5칸, 측면
2칸 팔작지붕이며, 중앙 2칸의 대청은 전면에 사분합문을 달아 마
루방으로 꾸몄다. 또한 여러 종류의 창호 형식이 돋보인다.

이 집은 이유인 대감이 매입해 지금의 자리로 이건한 후 동생 이유직에게 준 것이라고 전해온다. 그 후 이유인 일가가 폐가되면서 이 집도 현 소유자의 선대가 매입해 현재에 이르고 있다. 지금의 건물은 영남 북부지방의 전형적인 사대부의 가옥 배치와 평면 구성법을 지니고 있다.

상금곡 사괴당四槐堂 고택 역시 경상북도 문화재로 18세기 후반에서 19세기 초에 지어진 가옥이다. 상금곡리는 원주 변씨와 함양 박씨의 집성부락으로서 본 고택은 첨추공파의 입향조인 귀계 변희리歸溪 邊希李의 증손 사괴당 웅녕이 여기에 옮겨 터를 잡았다고 한다.

토석 담장이 둘러진 대지의 북쪽에 안채가 자리 잡았고 그 앞은 길게 남쪽을 가로막았던 'ㄴ자'형 사랑채가 철거되어서 평삼문과의 사이가 매우 넓은 마당으로 남았다. 마당 동쪽 경계에는 일제강점기에 세워진 중층 대문채가 있다.

안채는 정면 5칸 팔작집으로 막돌기단 위에 놓여 있다. 건축기법으로 보아 건립 연대는 18세기 전·후반으로 추정하는데, 조선 후기 주택 변천사를 볼 수 있는 가치 있는 자료다.

상금곡리에는 또 추원재와 사당이 있다. 추원재와 사당은 십승지인 금당실 마을 뒤 오미봉을 진산으로 남향으로 자리 잡은 함양 박씨 입향조 박종린朴從鱗의 유지를 받들며 제향하기 위해 증손 박영朴瑛이 1656년에 세웠다.

이 건물의 배치는 토석담장 안에 사당과 내삼문, 강당, 대문칸 등

4동을 'ㅁ'자로 배치했다. 강당은 정면 4칸, 측면 2칸의 팔작지붕으로 전면은 둥근기둥을, 나머지는 모기둥을 사용한 조선 중기 건축의 전형적인 구조다. 공간 구성과 가구 배치 방식이 매우 예스러운 모습을 자아낸다.

김한기 용문면장은 "예천군 문화재의 40%가 용문면에 집중되어 있다."라며 앞으로 고택 풍경과 송림, 사찰 용문사, 병암정과 초간정 등 정자가 어우러져 전통마을로 주목받기를 바란다고 했다. 이의 일환으로 마을에서 민박 등도 활성화하고 있다.

금당실이 속해 있는 용문면은 힐링 관광지 개발 자원이 풍부한 마을이다. 마을의 남쪽에 있는 병암정은 드라마 〈황진이〉 촬영장으로도 이용되었고, 이 정자에서 넓게 펼쳐진 분지와 금당실 마을은 한 폭의 그림 같다. 반대로 북쪽의 오미봉 누각에서 내려다보면 주변에 둘러싼 산은 꽃잎이요, 그 안의 분지와 마을은 꽃수술 같다.

✱

예천의 힐링 포인트

회룡포

강이 마을을 350도 휘감아 안고 돌아가는 아름다운 곳이다. 누군가는 그 잘록한 산줄기를 한 삽만 뜨면 섬으로 변할 것 같다고도 표현했다. 이 자체만으로도 '육지 속의 섬'이나 다름없다. 강 건너편 전망대에서 내려다보면 세상사 시름을 잊고 평온한 시골 경치를 한눈에 담아볼 수 있는 명소다.

삼강주막

내성천, 금천, 낙동강이 합류하는 지점이라 해서 삼강三江이라고 한다. 이곳에 최근까지 옛날의 주막이 있었으나 지금은 복원해 관광화한 주막이 대박상품이 되었다. 옛날 영남지방에서 한양으로 가는 길목의 나루터에 위치한 주막으로 많은 사람들의 애환이 담겨 있다. 주막의 정취를 만끽하며 대포 한 잔 즐길 수 있는 곳이다.

금당실 전통마을

용문면 소재지가 있는 마을로 이성계가 조선의 도읍지로 정하려 할 만큼 명당이다. 정감록 십승지마을인 금당실은 반송재 고택, 사괴당 고택 등 한옥 탐방 여행을 하기에 최적지다. 주변에 조선의 선비가 지은 정자와 드라마 〈황진이〉 촬영장소인 병암정, 그리고 소나무 숲도 있어 거닐 만하다.

예천 온천

강알칼리 중탄산나트륨 단순천으로 수질이 매우 부드럽다. 지하 800m 이상에서 용출되는 원천수를 100% 그대로 사용한다. 수질이 부드러워 미용에 좋고 혈액순환, 피로 회복, 항진작용, 신진대사 기능이 뛰어나다.

학가산 자연휴양림

사람이 학을 타고 노니는 형상을 하고 있다는 학가산의 자연휴양림이다. 해발 882m 정상에 오르면 예천, 안동, 영주 등 경북 북부 3개 시군을 한눈에 조망할 수 있는 경관을 자랑한다. 휴양림 안의 맑은 계곡과 수목이 심신을 달래준다.

용궁순대

용궁면에 순대촌이 형성되어 예천의 대표적인 맛집으로 부상했다. 돼지막창으로 만든 순대가 입맛을 돋운다. 전국의 순댓국집이 저마다 이름을 내걸지만 용궁순대는 이 막창의 맛으로 특화한 것이다. 지명부터 예사롭지 않다. 용왕님이 사는 바닷속 용궁이다. 그곳에서 먹는 '용궁순대'는 예천의 대표적인 음식이다.

공주는 이북 주민들의 엑소더스를 품은 땅이다. 일제강점기 때 평안도 주민들이 집단으로 베틀을 소달구지에 싣고 유구로 들어왔다. 정감록촌이 생긴 것이다. 살기 위해 남쪽으로 내려온 평안도 주민들은 뛰어난 베틀 기술로 직물산업을 발전시켰다. 이북 주민들이 공주 유구에 정착해서 생긴 말이 '3천직녀'다. 이 3천직녀는 부여의 '3천궁녀'를 본떠 만든 말로, 십승지마을이 새로운 풍경을 만들어낸 하나의 사례가 되었다.

6장

천하제일의 땅,
공주 유구·마곡

"공주 계룡산이다. 유구와 마곡 두 물길 사이 주변 둘레 200리가
피란할 만하다公州鷄龍山, 維鳩麻谷兩水之間, 周回二白里可以避亂."

『감결』이 설명한 공주의 십승지로 계룡산의 북쪽 유구와 마곡 일
대가 몸을 보전해줄 피신처로 꼽혔다.

　북쪽에는 동에서 서로 금북정맥錦北正脈이 지나고 남북으로는 여러
겹의 산등성이가 솟아 있는 사이로 유구천과 마곡천이 흐르며 남쪽
에는 금강이 가로로 막아주는 큰 사각형의 지형이 보신처가 되었다.
충청남도 내륙 한복판 태화산을 중심으로 200리를 둘러싼 이 심산
유곡이 사람을 숨겨 보전해주는 땅이라는 설명이다. 천년고찰 마곡
사도 그 속에 있다.

북쪽에는 금북정맥이, 남쪽에는 금강이 흐르는 십승지마을
동해리의 전경

　안성 칠현산에서 천안 성거산을 거쳐 서쪽으로 뻗어 내린 금북
정맥은 공주 태화산을 거쳐 예산 가야산을 잇는 '병풍산'이 되었고
남으로는 금강이 흐르는데 그 안에 험한 산들과 사람이 살 수 있는
분지들이 생겨났다. 태화산은 그다지 알려져 있지 않지만 주민들은
이 산의 정기를 매우 중히 여긴다. 정상의 천자봉을 마음속으로 신

성시하며 산다. 마곡사도 '태화산 마곡사'라 부른다.

풍수지리를 연구하는 이희성 선생은 부친이 1938년에 이웃 청양에서 십승지마을을 찾아 공주시 유구읍 동해동으로 이주해왔다. 그 무렵 황해도와 평안도에서도 많은 주민들이 유구와 마곡 십승지마을로 들어왔다. 이 선생은 풍수적 관점에서 보면 동해리가 이 지역 십승지의 가장 핵심지라고 단언한다. 일제강점기와 6·25 전쟁을 거치며 한때 '정감록촌'이라 불릴 만큼 피란지로 부각되었다.

일본 장교를 살해한 김구, 마곡사 품으로

21살 청년 백범 김구의 머릿속 계산이 복잡하게 돌아갔다. 생각을 오래 할 여유가 없었다. 일본 장교를 죽일지 말지를 빨리 결정해야만 했다. '분명 지금이 기회인데 일을 저질러야 하나 말아야 하나.'에서부터 시작해 '저지르면 어떻게 저지를 것인지, 저 칼은 어떻게 할 건지.' 등 머릿속 연산처리기가 빠르게 돌고 돌았다.

일단은 일본 장교를 죽이는 쪽으로 마음먹은 김구는 그를 완전히 제압할 때까지는 자신의 목숨이 붙어 있어야 했다. 김구는 작전을 머릿속으로 세세하게 그려나갔다. '주변에서 처다보는 사람들이 저놈의 패거리로 돌변하면 어떡하나.'까지 생각해야 하니 간단한 일이 아니었다.

1896년 2월, 울분을 삭이지 못한 김구는 황해도 치하포에서 마주친 일본인 육군 중위 츠치다 죠스케土田讓亮를 마침내 죽였다. 작전대로 성공한 것이다. 하지만 살해 작전은 그것으로 끝난 게 아니었다. 김구는 그 야만인 같은 일본인의 몸을 칼로 찢어 손으로 피를 움켜 마시고 시신은 강에 버렸다. 국모인 명성황후 살해에 대한 처절한 '보복 살인'이었다.

수많은 사람들이 보는 앞에서 기습적으로 공격해 홀로 일본인을 죽여야 하는 작전이었으니 갈등이 왜 없었을까. 촌각을 다투는 짧은 순간이었지만 마음이 약해질 때 그는 스승의 말씀을 떠올렸다.

나무에 오름에 가지를 잡는 것은 족히 이상한 것이 아니로되 절벽에서 손을 놓는 것은 가히 장부로다 得樹攀枝 不足奇 懸崖撤手 丈夫兒.

스승이었던 고능선 선생이 김구에게 결단력을 가르치며 인용한 말로, 김구는 일본인 츠치다를 죽일지 말지 망설이던 순간 이 말을 떠올리며 죽이기로 결심했다고 술회했다. 절벽에서 잡은 손을 놓을 만큼 죽음을 무릅쓴 결단력을 내리라는 의미였다.

이쯤 되면 김구는 당연히 줄행랑을 쳐야 했다. 그런데 도망은커녕 "해주에 사는 김창수(김구의 옛 이름)가 죽였노라."라는 방을 붙이고 집으로 돌아와 오히려 자신을 잡으러 오길 기다린다. 석 달이 지나서야 해주 옥에 갇힌 김구는 다시 두 달 후 인천으로 이수되어 사형

갓 스물을 넘긴 청년 김구가 일본인 장교를 보복 살해하고 마
곡사에 은거했다. 사진은 그가 거처했던 당우다.

집행일을 선고받았다.

이제 곧 형장의 이슬로 사라지는 일만 남은 김구의 운명, 이승에
서의 마지막 초침이 째깍째깍거리던 순간, 덕수궁에서 고종이 긴급
'사형집행 정지' 명령을 내린다. 운명의 여신은 김구 편에 섰다. 형장
에 불려가기 직전, 두 가지 드라마 같은 운명의 여신이 그를 살렸다.

첫 번째 행운의 내용은 너무나도 극적이다. 고종 황제는 김구의 사형을 집행하라는 재가를 내렸다. 그야말로 이제 죽는 일만 남은 상황이었다. 그런데 고종황제의 재가가 떨어진 직후 기적처럼 김구의 죄명이 단순 살인죄가 아닌 '국모보수國母報讎(국모 살해에 대한 앙갚음)'였다는 문구를 발견하고 어느 승지承旨가 고종에게 다시 아뢰었다. 어리둥절해 하던 고종이 급히 번복하며 사형집행 정지 결정을 내린 것이다. 승지의 눈에 '국모보수'라는 이 네 글자가 안 띄었다면 김구는 그대로 이슬처럼 사라졌을 것이다.

두 번째 행운도 극적이긴 마찬가지다. 서울에서 사형집행 정지령이 떨어졌지만 인천까지 파발이 가는 도중 처형될 수 있는 상황이었다. 때마침 사흘 전에 개통된 서울~인천 간 전화가 그를 살렸다. 덕수궁에서 긴급 전화로 사형집행 정지를 타전해온 것이다. 김구는 자신의 『백범일지』에서 그렇게 회상했다.

믿기 힘들 정도로 드라마 같은 행운으로 그는 사형만 면했을 뿐 풀려나지는 못했다. 그렇다고 마냥 대책 없이 감옥 생활만 할 김구가 아니었다. 또 다른 일을 벌였다. 이번엔 바닥의 마루를 뚫고 영화 〈쇼생크 탈출〉처럼 탈출에 성공한다.

김구는 몰래 숨어 삼남지방을 정처 없이 떠돌다 마침내 충남 공주 태화산 마곡사에 몸을 맡겼다. 이 땅은 숨어 살기에 좋은 곳으로 선조들이 지목했던 십승지 땅이었다. 더 이상 갈 데 없던 김구에게 마곡사는 자신의 몸을 맡길 유일한 곳이었다.

이제 갓 스물을 넘은 청년 김구는 일단은 살아남아야 했고, 살아남아야 조국을 위한 원대한 꿈도 꿀 수 있었다. 전라도, 경상도의 남부지방까지 멀리 내려갔던 그가 충청도로 올라올 수 있었던 것은 그래도 자신의 신변을 지켜줄 수 있다고 믿은 유구·마곡의 마곡사가 있었기 때문이다. 마곡사에 와서 얼마 되지 않아 김구는 스님의 권유로 승려가 될 결심을 하고 '눈물의 삭발식'을 갖는다. 사찰을 안고 흐르는 태화천 옆 바위에 걸터앉아 머리를 잘랐다. 상투가 잘려나갈 때마다 자신도 모르게 눈물이 떨어졌다.

김구는 "사제師第 호덕삼扈德三이 머리털을 깎는 칼을 가지고 왔다. 냇가로 나가 삭발진언을 읊더니 내 상투가 모래 위에 툭 떨어졌다. 이미 결심은 했지만 머리털과 같이 눈물이 뚝 떨어졌다."라고 당시의 심정을 술회했다.

이때부터 김구는 원종으로 불렸다. 불교에 귀의해 반년을 이곳에서 생활하다가 스님에게 금강산으로 들어가겠다며 떠났다. 우여곡절 끝에 그가 간 곳은 평양이었고, 거기서 절을 뿌리치고 나와 전국을 돌다가 중국에서 조국 광복 운동을 하게 된다. 그리고 해방을 맞아 48년 만인 1946년에 다시 마곡사를 찾은 김구는 대광보전 기둥에 적힌 주련柱聯 "각래관세간 유여몽중사却來觀世間 猶如夢中事(물러나와 세상일을 돌아보니 모두가 마치 꿈속의 일과 같다.)"라는 글을 보고 옛 생각에 빠져든다. 김구는 "그때 무심히 보았던 이 글귀가 오늘 자세히 보니 나를 두고 이른 말 같다."라고 했다. 그리고 뜰에 무궁화와 향

백제 의자왕 3년에 신라 자장율사가 창건한 마곡사는 예부터
천혜의 은신처로 주목받았다.

나무로 기념식수를 하고 떠난다. 이때 김구는 주석에 이어 비상국
민회 총리 신분이었다.

천년고찰 태화산 마곡사와 백범 김구 선생 간의 인연이 이러했다.
대한제국 시절, 일제강점기를 겪으면서 20살 청년 김구의 애환을 보
듬어준 사찰이다.

마곡사에는 이보다 400년 앞서 또 한 사람이 숨어들었다. 수양대군(세조)이 조카 단종을 폐위하자 생육신 중 한 명인 매월당 김시습이 이곳에 은신했다. 세조가 벼슬을 내리며 설득했지만 응하지 않자 한양에서 가마를 타고 직접 찾아온다. 김시습은 황급히 부여 무량사로 피신했다. 세조는 여기까지 와서 헛걸음하자 한탄하며 "신하 하나 못 얻는 내가 어찌 가마를 타고 돌아가랴." 하고는 타고 온 가마를 두고 떠났다. 그 가마는 지금도 마곡사에서 보관하고 있다.

마곡사는 백제 의자왕 3년(643년)에 신라 승려 자장율사가 창건했다. 주변 산세가 겹겹이 에워싼 천혜의 은신처라 조선시대 정감록에서 난리를 피할 수 있는 십승지로 꼽았다. 마곡사를 감싼 산과 경내를 휘감아 도는 하천이 태극형을 이룬다. 산태극山太極, 수태극水太極으로 불려 기근이나 전란으로부터도 안전한 곳이다.

필자가 마곡사를 답사한 날은 석가탄신일이었다. 마곡麻谷은 신라시대 보철화상이 법문 때 삼나무麻처럼 사람들이 빽빽하게 계곡谷에 모여들었다고 해서 붙인 이름으로, 주차장을 지나 일주문을 통과하면 산비탈과 계곡 사이에서 숲의 터널을 이룬다. 산비탈을 깎아낸 흙길이 지금은 잘 나 있지만 옛날에는 절에 들어가는 길조차도 험했다. 굽이굽이 돌아 걸어가니 해탈문이 나오는데 해탈문은 마곡사의 본격적인 정문이다. 그 왼쪽 담 너머에는 영산전靈山殿, 매화당梅花堂이 있다. 약 120년 전 김구 선생이 마곡사에 처음 들어가면서 느낀 풍경을 살펴보자.

마곡사 오층석탑. 윗부분에 장식된 라마교 양식의 둥근 풍마동이
눈길을 끈다.

백범 김구는 『백범일지』에서 "고개를 넘어서니 지옥에서 극락으
로, 매화당을 지나 소리쳐 흐르는 내 위에 걸린 긴 나무다리를 건너
심검당尋劍堂에 들어갔다."라고 표현하고 있다. 지금은 들어가는 풍경
이 조금 다르다. 모두 해탈문을 통하고 천왕문을 지나 돌로 만든 극
락교를 건너 심검당 앞으로 들어가도록 되어 있다.

마곡사 오층석탑은 원나라 라마교의 영향을 받은 탑으로, 높은 이중 기단 위에 탑이 서 있다. 지붕돌의 폭이 똑같아 안정감이 없다는 평가를 받지만 꼭 봐야 할 것이 있다. 바로 이중 몸쳇돌에 사방을 지키는 사방불四方佛이다. 탑의 맨 윗부분에는 티베트를 중심으로 한 라마교의 장식인 둥근 풍마동風磨銅이 얹혀 있다. 이는 세계적으로도 한국·중국·인도밖에 없다고 하는 마곡사의 특징이다.

유구·마곡 십승지가 있는 이 마곡사에는 종교가 다른 신앙인조차 목숨을 위해 숨어들어온 역사가 또 있다. 대광보전 옆 너머에 아름답고 기이한 굴뚝이 하나 있다. 이 굴뚝은 천주교 박해 때 예수를 믿는 신자들이 마곡사로 피신해 살면서 기와를 구워 흙과 함께 만들었다고 한다. 십승지마을은 종교를 불문하고 사람을 살리는 곳으로, 마곡사는 불교와 천주교, 라마교의 문화까지 품고 있다.

김구 선생이 거처했던 당우(백범기념관)는 황토벽의 단조로운 건물이다. 벽에는 김구 선생 사진과 친필 휘호가 걸려 있다. 휴정 서산대사의 선시禪詩로 백범 김구 선생이 자주 쓰던 휘호다.

踏雪野中去 不須胡亂行(답설야중거 불수호란행)

눈 덮인 들판을 걸어갈 때 어지럽게 함부로 걷지 말라

今日我行跡遂作後人程(금일아행적 수작후인정)

오늘 내가 가는 이 발자취가 뒷사람의 이정표가 될 것이니 김구 선생은 이름을 여러 번 바꾸었다. 아명은 김창암金昌巖이었으나 후에 창수昌洙로 바꾸었다. 25세 때는 구龜로, 3차 투옥 시절이던 1913년(38세)에는 서대문 형무소에서 다시 구九로 정한 뒤 호를 백범白凡이라 지었다.

이북 사람들이 일군 3천직녀

1392년 이성계 장군이 마침내 고려의 간판을 내리고 조선을 개국한다. 고려사직의 존속을 바라던 충성스런 많은 유생들이 이태조의 부름을 거부하고 모여 거사를 위한 뜻을 다졌다. 이들은 단체를 조직해 유구 동해리로 들어왔다. 국가를 걱정하고 임금에게 충성을 다하는 애국단체였다. 이들은 태화산 계곡 동해리 재궁동에 터를 잡고 거사 도모에 들어갔다. 하지만 이들을 감시하고 뒤를 밟던 관군에 의해 일망타진되면서 수포로 돌아간다.

이때 나주 나씨羅氏 후손 나한치란 사람이 겨우 살아남아 다시 재궁동에 정착한 후 집성촌을 이루었다. 그 집터를 궁터라 했고, 그 앞의 밭을 궁밭 또는 궁전이라 불렀다. 그는 작은 왕국을 세웠다고 생각하고 조선을 다시 전복할 기회를 엿보았다.

괘등혈掛燈穴에 조상을 모시면 뜻을 이룰 수 있다고 믿고 그곳에 조상의 묘를 썼다. '괘등혈'은 '등불을 걸어둔 혈'이란 뜻으로 '높은 산 중턱에서 어둠을 밝힌다.'라는 뜻을 가진 풍수 용어다. 그리고 대장간을 짓고 병기를 제조했으며 청년들을 모아 훈련을 시켜 또 한 번 조선왕조에 도전하려 했으나 패퇴했다.

관군은 그의 싹을 없애려 조상 묘를 파내고 그 자리에 몇 날 며칠을 장작불로 뜸질해 나씨 일가를 풍비박산 냈다고 한다. 뜸을 떴다는 흔적은 1980년대까지 남아 있었는데, 그 후 다른 사람이 그 자리에 묘를 써 지금은 흔적이 사라졌다.

재궁동 일대에 묵은 묘가 많이 발견되는데 매장법이 조선 초기 양식을 보여주고 있어, 당시 재궁동 일대에 적잖은 사람들이 살았음을 짐작할 수 있다.

지금 근처에는 오룡스님이 본각사라는 작은 절을 지었는데 명당 중의 명당으로 꼽히는 자리다. 스님은 17년 전(1996년) 단돈 45만 원을 들고 들어왔는데 이 명당이 전국의 신도들을 불러모으는 기가 있다고 한다. 어떤 사람은 이곳에 대한 꿈을 꾸고 찾아와 스님에게 해몽을 요청하고 신도가 되기도 했다. 수많은 신도가 불사를 해서 도로 입구부터 사찰까지 각종 형상의 석상들을 세웠는데 이를 감상하는 것도 즐겁다.

조선 중엽에는 수원 백씨白氏 일족이 십승지를 찾아들어왔다. 이때 쌀뜨물이 구계리까지 흘러내렸을 만큼 그 양이 무척 많았다고 한다. 안동 권씨權氏 권정집이라는 사람이 수원 백씨 후반대에 재궁동을 거점으로 살았고, 지금으로부터 약 150년 전에는 달성 서씨徐氏가 동

명당 중의 명당으로 손꼽히는 땅에 오룡 스님이 지은 본각사
가 있다. 본각사는 신도들을 부르는 기가 있다고 해서 신도들
이 불사를 한 각종 석상들이 세워져 있다.

이점과 두문동을 중심으로 입향했다.

　1800년 이후 조선의 국운이 기울어감을 예견한 전국 유생들이
계룡산과 가까운 이곳 유구·마곡 양수지간 십승지로 대거 몰려들
어왔다. 대표적으로 해평 윤씨尹氏, 밀양 박씨朴氏, 연안 이씨李氏, 창령

성씨成氏, 평산 신씨申氏, 수성 최씨崔氏가 자손을 보전하러 들어왔다고 한다. 이어 일제강점기부터 6·25 전쟁 전후까지는 주로 이북 주민들이 대거 몰려왔다.

이북 주민들은 대부분 자신들의 생업의 기반이었던 직물업을 동해리에서 그대로 이어갔다. 이 역시 이북의 산업을 공주에 이식시켜 새로운 산업을 일으킨 사례라 할 수 있다. 그래서 공주시 유구읍 동해리 일대에는 '3천직녀'라는 말이 생겨났다. 이웃인 부여 낙화암의 '3천궁녀'를 본떠 붙인 말로 '직물을 짜던 수많은 여성'이란 의미다.

일제강점기부터 6·25 전쟁 때까지 평안도 등 이북에서 남쪽의 십승지마을을 찾아 내려온 주민들이 헤아릴 수 없을 만큼 많았다. 그들 중 고향에서 누에고치 명주실을 뽑던 직물기계 부품을 소달구지에 싣고 십승지마을을 찾아 내려온 직공 주민들이 많았는데, 이들의 행선지는 두 갈래로 나뉘었다. 일부는 경북 풍기 십승지마을로, 또 일부는 이곳 유구 십승지마을로 왔다. 정든 고향을 떠난 것은 목숨을 부지하기 위함이었고, 직물기계를 갖고 온 것은 낯선 땅에서 먹고살기 위함이었다. 이들 주민이 유입되면서 유구에 섬유산업이 번창하게 되었다. 박상원 유구 읍장은 60년 전만 해도 이 작은 시골마을에 150~160여 개의 직물업체가 성업했다고 한다. 하지만 섬유산업이 사양길로 접어들어 지금은 50여 곳만 남아 있다.

4대지 8명당 품은 천하제일의 땅

1945년 8월 15일 해방을 맞은 전 국민이 환희에 휩싸여 있을 때, 동해리 주민들은 바깥세상 소식은 모른 채 세금을 내느라 경황이 없었다. 유구읍까지 약 12km 떨어진 마을이지만 주변의 산이 겹겹이 둘러쳐진 유마 양수지간 주민들은 외부와 차단된 채 생활해왔다.

당시 세금을 걷기 위해 동해리에 들어온 일제는 자신들이 항복하고 물러나는 줄도 모르고 한 집 한 집 세금을 받으러 다녔다. 이때 이 마을 이희성 선생의 이모부가 유구를 거쳐 마을로 들어와 이 광경을 목격하고 바깥소식을 전하자 그제서야 일본 사람들이 모두 물러갔다고 한다.

삼남의 승지로 꼽히는 동해동은 풍수적으로 '4대지 8명당'을 품은 땅이다. 대지는 1등급의 땅이고 명당은 2등급 땅이다. 이곳의 4대지는 동으로 북호, 서쪽으로 선인격고형, 남으로는 오룡쟁주형 9대 승지가 있으며, 북쪽엔 괘등이 있다. 8명당은 대지보다 한 수 아래인 묘터로 삼밭골, 묵은 논, 두문동, 선학동, 재궁동, 안동해동, 큰말, 동이점 등이 있다.

마을의 전설로는 고려 때 중국의 무릉도원과 비슷하다고 해서 도화동桃花洞이라고 불렀다고 한다. 빙 둘러싼 산들은 유구천과 마곡천 물길을 냈고 그 사이에 작은 분지를 만들어 아늑하고 살기 좋은 마을을 만들었으니 여기가 곧 무릉도원이었던 것이다.

그러나 여말선초麗末鮮初에는 와룡동臥龍洞으로 불렸는데 조선 창업 후 무학대사가 전국을 순회하던 중 이곳 국사봉에 올라 마을을 내려다보니 큰 용이 누워 있는데(와룡) 물이 적어 재주를 부릴 수 없다 해서 동해의 많은 물을 끌어오고자 하는 마음을 담아 동해동이라 불렀다. 이후 오늘날까지 그렇게 부르고 있다. 와룡동으로 불린 증거물은 마을 산신각에 지금도 보존되어 있다.

천혜의 지형은 마을에도 큰 축복을 내렸다. 박상원 유구읍장과 이희성 선생은 지금까지 마을에 전염병 한 번 돌았던 적이 없다고 한다. 1950~1960년대 전국적으로 장티푸스와 이질이 유행했지만 이 마을에선 그런 것도 모르고 살았다. 이희성 선생은 우스갯말로 "질병이 들어오고 싶어도 들어올 틈이 없다."라고 했다.

이렇다 할 변고도 없었는데 6·25 전쟁 때도 인명 피해가 전혀 없었다고 했다. 이 선생은 전쟁이 난 줄도 몰랐고, 인민군이 후퇴할 때 마을 외곽 능선을 타고 지나갔다는 말만 나중에 들었다고 한다. 동해리를 비롯해서 이웃 노동리, 불당리도 피란을 가지 않았다.

태화산 정상 아래 계곡에 지금은 민가 하나만 남아 있다. 이 선생은 이곳이 '태화산하 동해곡 가활만인 피난처'라는 곳이라며 "태화산 아래 동해 계곡에 숨으면 모두가 살아남는다."라고 했다. 정상 근처 정남향의 벌바위는 기도처로 유명한데 이 선생도 매년 제물을 마련해 제를 올린다고 했다.

마을에는 산신각이 있고 매년 산신제를 성대하게 올리는데 대한

산신각에서는 매년 마을의 안녕을 기원하는 산신제를 올린
다. 동해리 산신제를 제외하면 지금은 명맥만 유지되고 있다.

민국의 대표 산신제라 할 만해 조만간 문화재 승격도 기대하고 있
다. 기원은 조선 초 맹수 피해가 심해 시작된 것으로 알려졌는데, 규
모가 커지면서 제사의 격식도 매우 엄격해졌다. 매년 10월 3일 제
를 올릴 때 마을에 부정한 일이 있어도 제가 끝날 때까지 입 밖에
꺼내지도 못한다. 이 고장의 출향 인사도 모두 참여하지만 외지인은
일체 들어오지 못한다. 제물은 전국을 돌며 가장 우량한 황소를 사
는데, 거세했거나 털이 변색되어도 안 되고 뿔이 못생겨도 안 된다.
관상을 봐서 '미남 소'를 고르되 값은 절대로 흥정하지 않고 부르는
대로 주고 산다. 소를 잡은 다음 쓰러진 소의 하늘 쪽으로 향한 고

기만 제물로 올린다.

오늘날은 산신제가 명맥만 유지할 뿐 많이 사라졌다. 하지만 동해리 산신제는 여전히 원형대로 보존되고 있다. 마을의 무궁한 발전과 동민 및 출향민의 안녕을 기원하기 때문에 매년 모두 참여해 정성껏 제를 올린다.

이웃에 대찰 마곡사가 있지만 동해리에도 본각사와 동해사라는 작은 절이 마을의 안녕을 함께 기원하고 있다. 이상하리만큼 다른 종교는 뿌리를 못 내린다고 한다.

이 선생은 1890년대 후반 탐관오리 고부군수 조병갑이 말년에 이 마을 선학동으로 은신해 들어왔다는 이야기가 있다고 했다. 당시 주민들은 그가 누구인지 잘 알지 못한 채 존경했다고 하는데, 이후 이웃 신풍면 평소리 사랑골에서 여생을 마쳤다고 했다.

또 전하는 말로는 조선 중기 중종 때 미관말직을 그만두고 개성에서 도술가 생활을 했던 전우치田禹治가 이 마을에 들어와 살았다고 한다. 하지만 남아 있는 어떠한 근거도 없다. 전우치는 백성들을 현혹시켰다는 죄로 옥에 갇힌 채 죽었는데, 후에 가족이 묘를 이장하려고 파보니 시신이 사라지고 없었다는 이야기와 밥을 뿜어 흰나비로 둔갑시키고 새끼줄을 타고 하늘에 올라가 천도天桃를 땄다고 하는 이야기가 전해진다.

공주의 힐링 포인트

공산성

고구려의 침략으로 도읍이 함락당하자 남하해 새로 도읍지로 정한 공주산성이다. 5명의 왕이 64년간 웅진시대의 백제 도읍지로 삼은 공산성은 천년 백제고도로 들어가는 관문과도 같은 곳이다. 공주 시내 한복판에 있어서 수많은 관광객이 찾는다.

무령왕릉 & 국립공주박물관

공주 송산리 고분군에서 1971년 우연히 발견된 '이름 있는 왕릉' 무령왕릉이다. 백제시대 주인공 이름이 적힌 유일한 왕릉이라는 것만으로도 사람들을 깜짝 놀라게 했다. 수많은 왕과 왕비의 유물만으로도 백제 유물의 진수를 맛볼 수 있다.

공주 한옥마을

무령왕릉 옆에 조성된 한옥타운으로, 관광객을 불러 모으고 있다. 수도권에서 가까운 데다 백제 역사의 향취를 느낄 수 있는 한옥에서의 하룻밤은 여행객들에겐 천국이나 다름없다.

마곡사

마곡사는 오랜 세월만큼이나 이야기도 많다. 대광보전의 참나무 자리에서 100일 기도를 드린 앉은뱅이가 일어났다는 전설과 기둥을 잡고 돌 때마다 수명이 연장된다는 속설이 있다. 천주교 박해 때 신자들이 마곡사로 피신하기도 했고, 오층석탑의 상륜부는 라마교풍 청동으로 만들어 천주교와 라마교의 흔적을 느낄 수 있다.

계룡산

이성계도 탐낸 민족의 영산 계룡산은 제1경 천황봉 일출부터 제8경 오누이탑 명월까지 매우 아름다운 경치를 갖고 있다. 동학사, 갑사, 신원사 등 명사찰과 단풍이 유명하다.

밤 음식

공주는 밤으로 유명한 고장인 만큼 밤과 관련된 각종 음식점도 성업하고 있다. 공산성 근처 농가식당은 한천리마을 영농조합 법인이 직영하는 식당으로 밤전골, 밤파전, 밤만두, 밤국수, 밤냉면, 밤묵잡채 등의 메뉴로 사람들의 입맛을 유혹한다.

국밥집 & 연잎밥 정식

65년이 넘는 경륜의 국밥집이 유명하다. 공주 한옥마을 내에 문을 연 새이학 2호점에서는 65년 세월의 노하우를 보여준다. 연잎을 네모 모양으로 싼 연잎밥 정식은 색다른 맛을 자랑한다.

영월은 주요 십승지마을 중 가장 북쪽에 위치한다. 태소백의 북쪽 기운을 받아 사람을 살리는 마을로 그 유명세를 떨쳤다. 얼마나 숨어 있는 땅이었기에 주민들은 전쟁이 일어난 것도 모르고 살았을까? 당연히 피란 간 주민은 없었고, 오히려 퇴각하는 인민군과 빨치산이 살아남기 위해 찾아들어온 웃지 못할 사연이 있는 마을이다.

7장

죽지 않는 마을,
영월 연하리·미사리·노루목

"영월 정동쪽 상류다. 난리에 몸을 감출 만하나 수염이 없는 자가 먼저 들어가면 그러하지 못하다 寧越正東上流, 可藏亂踪, 然無鬚者 先入則否也."

『감결』에서는 영월 십승지를 이렇게 표현하고 있다. '수염이 없는 자'는 '여자'를 말하는데 '먼저' 들어가면 효력이 없다고 주의까지 준다. 강원도 영월은 흔히 십승지로 언급되는 곳 중 가장 북쪽에 위치해 있다. 물론 여러 비결서에 따라 이보다 더 북쪽이 거론된 곳도 있다. 하지만 도읍지 기준으로 고려시대에는 개성, 조선시대에는 한양에서 먼 곳이어야 했으므로 영월을 북쪽 한계선으로 그 이남 지역에 분포되어 있는 곳으로 볼 수 있다.

영월이라고 하면 강원도 산간지역으로 이해하는 사람이 많다. 물

산과 하늘밖에 보이지 않는 영월 상류의 십승지마을 연하리
의 모습

론 틀린 말은 아니다. 십승지마을을 여행하면서 간과해서는 안 되
는 가장 중요한 부분이 바로 조선시대에 없었던 도로와 같은 교통·
통신 수단, 그리고 주변의 개발로 인한 현대화된 시설물 때문에 똑
같은 시골 마을의 하나로 동일시하는 것이다. 지금의 상황에서는 현
대 문명의 혜택이 평준화되어 그렇게 보일 수도 있겠지만 적어도 산
업화 이전 시대, 즉 6·25 전쟁 전후만 해도 상황은 지금과 많이 달
랐다. 그 시각으로 봐야 십승지를 이해하는 데 도움이 되지 않을까
싶다.

　백두대간의 서쪽에 위치한 영월은 넓은 분지가 없는 산간지역으

로, 그저 산과 하늘만 보이는 고장이다. 이러한 고장 중에서도 산이 마을을 빙 둘러 마치 자물쇠로 채운 듯이 외부에서는 전혀 알 수 없는 마을이 있다. 물론 산으로 막힌 마을이라 해서 전부 십승지는 아니고, 의식주가 해결되어야 한다는 전제조건이 있다. 무엇보다도 물이 마르지 않아야 하고 농사지을 땅이 있어야 한다. 즉 '산 자물쇠'로 채워진 마을 안에는 분지(농토)가 있어야 한다. 그런 곳이 그렇게 많지는 않다. 게다가 외부에서 모르니 전란의 피해가 없고 전염병이 들어오지 못하는 삼재불입지지三災不入之地의 땅이 바로 이상향으로 찾고자 했던 마을이다.

조광조의 후손을 살린 죽지 않는 미사리

16세기 초반, 시대를 앞질러서 급진 개혁을 추진하던 조광조趙光祖 (1482~1519년)는 개혁의 걸림돌이라 여긴 훈구파를 척결(위훈삭제)하려다가 역풍을 맞아 처형당한다.

조광조를 중심으로 한 신진사림파는 중종의 마음을 얻어 유교적 이상사회를 건설하려 했으나 점이지대 없는 앞선 개혁에 결국 임금조차도 그를 의심하기에 이르렀다. 1519년(중종 14년)에 결국 조광조를 비롯한 70여 명의 신진사림파들이 숙청되고 사약을 받는다. 이것이 바로 기묘사화己卯士禍다. 젊은 나이에 사림의 영수가 된 조광조는 꿈을 펴보지도 못하고 39살로 생을 마감한다.

이후 조광조의 후손들이 한양을 떠나 숨어든 곳이 영월 미사리未 死里다. 삶에 대한 그들의 마음이 얼마나 애절했던지 이곳을 '죽지 않 는 마을', 즉 미사리라 불렀다. 오늘날 김삿갓면 와석2리다. 한양 조 씨가 이곳에 한때 40가구가 살 정도로 몰려왔다고 한다. 그리고 그 들이 정착한 곳을 조촌趙村이라고 불렀다.

6·25 전쟁 때는 이북 주민들이 십승지를 찾아 많이 몰려왔는데 그 당시 이북 주민의 가구 수만도 수십 가구가 되었다고 한다. 한때 는 그 산속에 초등학교까지 생겼다. 가까운 경상도 쪽 주민들도 이 곳에 많이 들어왔다.

그런데 이 마을의 계곡길 중간 지점 500m~1km 구간이 참으로 영험하다. 조촌이라고 불리는 곳에서 아래쪽으로 약 1km 안팎 내 려오면 도둑바위(도덕암)가 있는데, 이 구간이 사람의 마음도 움직이 는 묘한 길이라고 한다.

6·25 전쟁이 발발한 줄도 몰랐던 이 마을에 인민군이 퇴각할 때 빨치산이 합류해 험한 산을 찾아들어와 비로소 전쟁이 일어났다는 사실을 알았는데, 당시 국군도 인민군도 이 구간에서만큼은 이 길 로 다니지 않고 산으로 우회해 능선에서 격렬한 전투가 벌어졌다고 한다. 이 마을 김월경 이장은 예전에 어르신들 말로는 왠지 그 지점 에만 가면 서로 길목에 매복해 있을지도 모른다는 생각에 양쪽이 다 산길을 택했다고 한다. 그래서 청량사 뒷 능선에 '전란터(전쟁터)'

라는 이름이 생길 정도로 격전이 벌어졌는데 철모와 인골이 많이 발견되었다. 주민들은 발을 들여놓지 않은 그 구간이 진정한 '불사不死의 땅' 십승지가 아닌가 생각하고 있다.

이 마을은 계곡을 따라 촌락이 길게 형성되어 있다. 특별히 분지를 이룬 지형은 아니고, 폐사가 된 청량사 주변이 해발 400m 정도로 그나마 넓은 터를 갖고 있다. 아흔아홉 골이 있을 만큼 넓어서 '서운 모랭이 골'이라고 불렀다고 한다. '서운 모랭이'는 이곳 사투리로 '산모랭이'가 '서운하다'라는 뜻인데 '100개에서 하나가 모자라 아쉽다'라는 뜻과 '하도 많아 세다 보면 까먹어서 서운하다'라는 뜻으로 이같이 불렀다고 한다.

이 절은 약 2년 전부터 비워둔 채로 황폐화되었고 지금은 출입을 통제하고 있다. 절 주변은 부정한 사람이 들어가면 곤욕을 치른다고 하는데 김 이장은 자신은 물론 주변 사람들도 여러 차례 알 수 없는 곤욕을 경험했다고 한다.

미사리 주민들은 주로 화전민 생활을 했지만 계곡물이 마른 적은 없다고 한다. 그러니 마실 물과 농사지을 물을 걱정할 일이 없었다. 또한 지난 2010년에 2km 떨어진 마을까지 광우병으로 소들이 쓰러져 갔지만, 이 마을은 용하리만큼 아무런 피해가 없었다. 김 이장의 말을 의심한 것은 아니었지만 좀 더 알아보기 위해 옆집에 가서 물어보니 키우던 한우 20마리가 예방접종만으로 무사히 넘어갔다고 답했다.

조광조의 후손들이 숨어든 곳이 영월 미사리. '죽지 않는 마
을'이라는 뜻에서 미사리라 불렸다.

　질병이 없고, 기근이 없고, 전란이 없는 것이 십승지마을의 필수
조건이라면 이 마을은 전란의 화만 간접적으로 미쳤다. 하지만 그것
도 엄밀히 생각해보면 퇴각하던 인민군이 살길을 찾아 험한 이곳에
들어왔으니 이 역시 '살기 위해 찾은 마을'임에는 틀림없을 것이다.

　미사리라는 지명부터가 그렇듯이 이 계곡에는 유난히 '살고자 하
는 지명'이 많다. 조촌 근처의 작은 골짜기는 정감록의 십승지를 좇
아 들어온 사람들이 '살아남을 수 있는 골짜기'란 뜻으로 '살골生谷'
이라고 불렀다. 그리고 정감록 신봉자들이 대거 터를 잡은 계곡 상
류는 '목숨을 부지할 수 있다'라고 해서 '명생동命生洞'이라 부른다.

영월읍에서 동강과 서강이 합쳐져 남한강을 이루는 곳에서 하류로 조금 내려오면 동쪽에서 합류하는 옥동천이 있는데, 이를 따라 거슬러 올라가면 미사리 계곡이 보일 듯 말 듯 나타난다. 요즘엔 88번 지방도로가 옥동천을 따라 나 있지만, 옛날엔 물길 따라 먼 길을 구불구불 걸어야 했다. 영월 읍내에서 20km 남짓한 거리다.

와석천이라고도 부르는 미사리 계곡을 따라 오르면 산이 지그재그 형태로 철저하게 장막을 치고 있다. 임도林道 정도 넓이의 마을길로 차를 타고 계곡을 오르지만, 이 길이 없으면 산이 마을 문을 걸어 잠근 듯한 형상이다. 88번 도로에서 어래산 정상 아래 계곡까지가 9.6km에 이르는 깊은 골짜기다.

30년 전 50여 가구에서 지금은 23가구만 남았다. 외지인이 들어와 펜션도 지었다. 김 이장은 이 마을을 청정마을로 유지하기 위해 계곡에 16년째 자연 휴식년제를 실시하고 있다고 했다. 처음에는 주민들이 반대했지만 외지인들이 와서 쓰레기를 버리고 소란을 피우자, 이제는 주민들이 나서서 휴식년제를 더 외치고 있다고 한다.

살아 들어온 김삿갓, 죽어서 다시 오다

방랑시인 김삿갓(김병연, 1807~1863년)이 5살이 되던 해에 평안도 선천부사이던 할아버지 김익순金益淳이 홍경래의 난에 투항해버리면서 멸문지화를 당했다. 삼대가 멸족당할 위기를 맞고, 할아버지는 능지처참을 당했지만 다행히 조정의 권력자 안동 김씨 가문에서 아이만은 살려주었다. 김삿갓은 어머니 함평 이씨, 형 병하와 함께 간신히 황해도 곡산과 경기도 일대를 전전하며 살다가 영월 땅으로 숨어들어왔다. 김삿갓이 이곳에 왔을 때가 1816년인데 그의 나이 10살이었다.

평안도에서의 어린 시절은 기억할 수 없었지만 김삿갓은 총명했고 학문에 전념하는 아이였다. 어머니도 할아버지로부터 생긴 폐족의 사연을 아들에게 숨겨왔다. 농민전쟁이 빈발하던 시대였던 만큼 글을 익히며 커가던 김삿갓은 홍경래의 난에 용감하게 맞서 싸운 가산군수 정시鄭蓍를 충신으로 존경했고, 투항한 선천부사 김익순에 대해서는 '백 번 죽여도 아깝지 않은 비겁자'라고 인식했다.

세월이 흘러 20살이 되었을 때 어머니의 권유로 과거 예비고사격인 영월 백일장에 나간다. 시제試題는 "정가산의 충성스런 죽음을 논하고 김익순의 죄에 대해서 통탄하라論 鄭嘉山 忠節死 嘆 金益淳罪通于天"였다. 결과는 장원이었다. 기쁜 마음에 한걸음에 달려가 어머니께 자랑하자 어머니는 통곡을 하며 "네가 할아버지를 욕보였다."라며 김익순이 친할아버지임을 털어놓는다. 어떠한 내막도 모르고 할아버지를 혹독하게 비판한 글이 장원이 된 것인데, 이를 들은 김삿갓은 하늘이 무너지는 슬픔에 빠졌다.

죽을 결심도 몇 차례, 더 이상 집에서 살 수 없었던 김삿갓은 어머니와 아내, 갓 태어난 아들을 남기고 22살의 나이에 방랑길에 오른다. 그리고 자신이 역적의 자손임을 알게 되었고 할아버지를 통렬하게 비판했으니 얼굴을 들고 하늘을 쳐다볼 수 없다 해서 삿갓을 눌러썼다. 그 삿갓이 김병연이라는 본명보다 더 유명해졌다.

죽장竹杖 하나 들고 김삿갓은 함경도에서 경상도, 전라도까지 전국을 떠돌며 술과 풍자시로 백성들을 울고 웃게 했다. 그러다 1863년 57살의 나이에 전남 화순에서 한 많은 일생을 마감한다. 화순 땅에 묻힌 김삿갓은 3년 후 차남 익균에 의해 영월 노루목 고향 마을 명당에 다시 모셔졌다.

김삿갓 묘가 본격적으로 알려진 것은 1982년 향토사학자 박영국 선생의 노력으로 발견되고 학계의 고증을 거치면서부터다. 주변에는 그의 시비詩碑가 빼곡하게 조성되어 있다. 그가 묻힌 이곳이 영월군 하동면 땅인데, 자란 뒤 죽어서 다시 돌아오자 지난 2009년에 '김삿갓면'으로 개칭했다.

김삿갓 묘는 소백산 끝자락 양지바른 곳에 있는데 이에 대한 표현이 재미있다. 소백산 자락인 마대산 줄기를 버드나무 가지가 흘러내린 것에 비유해 '유지앵소형柳枝鶯巢形', 즉 '버드나무 가지 끝의 꾀꼬리 집'이란 뜻으로 명당임을 뜻한다. 묘는 아담하고 비석 하나가 있다. 비석에는 '시선 난고 김병연지묘詩仙 蘭皐 金炳淵之墓'라고 새겨져 있다.

김삿갓의 집은 묘에서 작은 계곡을 따라 마대산으로 1.8km 정도 거슬러 올라가면 나오는 어둔於屯 외딴마을이다. 집까지 가는 동안 강원도와 충북의 도계가 무려 11번이나 바뀐다. 지금 그 집에는 자신이 '돌아온 김삿갓'이라며 '돌아간 김삿갓'의 한(恨)을 대변해주는 문화관광해설사 최상락 선생이 살고 있다. 삿갓을 쓰고 김삿갓 복장을 한 채 낮에는 김삿갓 묘에서 관광객들에게 관련된 이야기를 설명해준다. 최상락 선생은 집 근처에 정자를 만들어 김삿갓 같은 대시인을 양성하고 싶다고 했다.

홍경래의 난은 평안도 출신으로 몰락한 양반 가문의 홍경래(洪景來)가 과거에 떨어지면서 평안도에 대한 차별대우에 불만을 품고 10년간 반란을 준비한 것이다. 조선 개국 이후 조정에서는 평안도 출신을 철저히 외면해 중앙의 주요 관리에 등용하지 않았다. 홍경래는 특히 정감록의 철저한 신봉자로, 이씨 조선이 멸망하고 정씨 진인(眞人)이 출현해 새로운 세상을 열어줄 것이라고 주민들에게 알렸다. 조정으로부터 천대받던 평안도 일부 관리들과 거상들이 이에 속속 가세했다. 김사용, 홍총각, 우군칙, 이희저 등이 의기투합해 1811년 12월 18일, 일제 봉기에 나서 평안농민전쟁을 일으켰다.

가렴주구에 피폐해진 주민들도 속속 가세하면서 평안도 서부지역을 장악하던 4개월간의 반란은 1812년 4월 19일 정주성(定州城)에서 홍경래가 전사하면서 막을 내린다. 김삿갓의 할아버지인 김익순 선천부사가 홍경래의 난에 목숨 걸고 싸웠어야 할 관리였음에도 곧바로 투항한 것은 평안도에 대한 차별대우를 타파하고 새로운 세상을 열고자 하는 정감록 사상을 함께 믿었기 때문이 아닌가 하고 생각

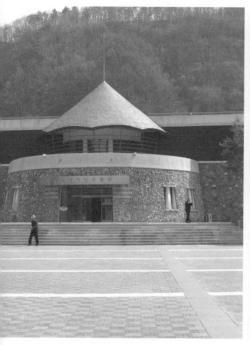

조선의 풍자 시인 김삿갓이 묻힌 근처에는 김삿갓 시비와 문학관이 조성되어 있다.

해볼 수 있다.

당시 정주성이 함락되면서 2,983명이 잡혔다. 이 중 어린이를 제외한 1,900여 명을 본보기로 즉결 처형했다고 하니 살벌하기 짝이 없다. 이러한 과정을 두 눈으로 똑똑히 본 평안도 주민들은 정감록의 십승지가 결국 도피처라는 인식을 하게 되었고 실제로 남쪽의 살아남을 고장을 찾아 내려왔다. '죽느냐 사느냐'에 시달리던 평안도 주민들의 입장에서는 정감록의 십승지가 이상향이었던 것이다.

김삿갓의 마을 와석1리를 이 고장 사람들은 '노루목'이라고 부른다. 태백산 끝 줄기와 소백산 끝 줄기가 약 100m 간격으로 생긴 작은 계곡에 마을이 형성되었는데, 고갯길에 2개의 바위가 노루의 뿔 같다고 해서 생긴 이름이다. 그 고개를 넘으면 경상북도 영주와 충청북도 단양 땅이 3도_道의 경계를 이룬다.

예전 강원도 노루목 아이들은 충청북도 단양 의풍초등학교에 다녔다. 마을 뒤쪽 마구재를 넘어가면 영주 부석사가 나온다. 이 소백산 끝부분과 태백산 끝부분이 마주한 곳을 소위 '양백지간兩白之間'이라고 하는데 정감록 중 특히 남사고도 으뜸으로 꼽은 십승지 중 하나다. 미사리와는 산등성이 하나를 사이에 두고 있다.

이 마을에서 만난 정주홍 문화관광해설사는 조선 후기에 특정 인물은 알 수 없지만 수많은 사람들이 피란을 와 살았다는 이야기가 있다고 소개했다. 이곳은 산으로 겹겹이 에워싼 곳이지만 먹고사는 문제는 어떻게든 해결되었다고 한다.

6·25 전쟁 때는 어떤 일이 있었을까? 김삿갓이 살았던 어둔에서 태어나 지금까지 이곳에서 살아온 주민 김성규 어르신이 구체적으로 말씀해주셨다. 어르신이 16살이던 해에 6·25 전쟁이 일어났지만 이 동네 주민 누구도 전쟁이 난 줄 몰랐다고 한다. 그때만 해도 산골마을에 길도 거의 없던 상황이고 읍이나 면 소재지 왕래도 적었던 터라 매일 산나물 뜯고 감자를 캐며 산 게 생활의 전부였다. 부산 일대만 남기고 모조리 북한 손에 들어간 것을 알 리가 없었다.

그러던 중 30리 정도 떨어진 면사무소(당시 하동면)에 볼일을 보러 나갔다가 몇몇 사람들에게 전쟁 이야기를 들었고, 후에 인민군과 빨치산이 국군의 추격을 피해 이 마을에 숨어들면서 비로소 전란을 피부로 느낄 수 있었다고 한다. 인민군은 그저 험한 산속에 숨어 살아남기 위해 들어온 것이다.

인민군은 이 마을에 와서 순수한 주민들에게 밥도 얻어먹고 잠잘 곳도 얻었다고 했다. 국군에게 쫓겼기 때문에 이 깊은 산속에서 살아남으려면 주민의 도움이 절대적으로 필요했기에 주민들을 해치지는 않았다고 한다. 국군의 포위망이 좁혀지자 일부는 주민들에게 옷을 얻어 입고 일도 도와주며 위기를 넘겼다. 그러다가 다른 곳으로 갔는데 행방은 알 수 없다고 한다. 많은 인민군들은 총도 수류탄도 버리고 달아났는데, 얼마 후 아랫동네에 시신이 산더미처럼 쌓인 것을 목격했다고 한다.

십승지로 조용했던 마을에서 일생에 딱 한 번 소용돌이를 겪은 어르신은 그래도 십승지마을이었기 때문에 전란의 화를 입지 않았던 것 같다고 말했다. 어르신은 김삿갓이 죽은 뒤 다시 고향으로 돌아왔기에 지금 주민들이 잘산다며 감사하다고 연거푸 말했다. 김삿갓이 관광객을 불러들여 이 마을의 몇 가구가 은혜를 입고 있다는 것이다. 그래서 동네 주민들이 1년에 세 차례 김삿갓 추모제를 올린다고 한다. 은혜를 갚는 어진 주민들이다. 어르신은 김삿갓 생가가 있는 어둔에서 살다가 몇 해 전 김삿갓문학관 앞으로 이사 왔다.

노루목 쪽으로 올라가면 2003년 건립된 김삿갓문학관이 있는데 많은 사람들이 이곳을 찾는다. 이 계곡을 지금은 '김삿갓계곡'이라 한다. 이곳은 마포천이 흘러 옥동천으로 들어가고 다시 남한강으로 흘러간다. 이 마을의 주민들도 이젠 다 떠나고 8가구만 남았다. 하지만 십승지마을이 관광지로 변모하면서 활기가 넘쳐나고 있다.

다음은 세상을 유람하던 김삿갓이 샘물을 떠 마시면서 물에 비친 자신의 모습을 보며 한탄스럽게 읊은 시다.

> 허연 머리 너는 김진사 아니더냐, 나도 청춘에는 옥인과 같았더라白
> 髮汝非金進士 我亦靑春如玉人.
> 주량은 점점 늘어 가는데 돈은 떨어지고 세상일 겨우 알 만한데 어
> 느새 백발이 되었네酒量漸大黃金盡 世事纔知白髮新.

연하리 계사동, 삼척 김씨가 숨어온 땅

영월 읍내에서 동강을 건너 31번과 38번 국도가 겹치는 도로를 따라 동쪽으로 가는 길에 석항천이 함께 흐른다. 이 길은 태백과 정선으로 가는 길이다. 하천의 북쪽에는 해발 900m 산이, 남쪽은 1,000m에 이르는 산이 에워싼 협곡이다. 이 협곡에 철길까지 나 있어 지금은 물길과 찻길, 철길이 협곡을 꽉 채워버렸다.

탄부역과 연하역을 지나면 마을이 있을 것이라고 생각하지도 못할 만한 곳에 마을 진입로가 숨어 있다. 연하 교차로에서 빠져나와 300~400m만 가면 길 옆에 넓은 공터가 나온다. 그 옆쪽으로 계곡물이 흐르는데 그 계곡을 따라 좁은 산길을 올라야 한다.

이곳이 연하리라고 하는 계사동 입구다. 마을 입구를 지형이 철저하게 가리고 있어 아는 사람이 아니면 찾아들기가 어렵다. 이 마을 뒤쪽에 1,000m에 달하는 응봉산과 망경대산 사이에서 흘러내리는 계곡을 따라 올라야 하는데, 요즘이야 승용차 한 대 정도가 지나갈 길이라도 있지만 옛날에는 첩첩산중에 싸여 있는 이 마을이 있으리라고 상상이나 했을까.

계곡 초입에 용이 승천하며 바위에 발자국을 남겼다 해서 부르는 용소폭포가 있고, 좀 더 올라가면 연하폭포(계사폭포)의 앙증맞은 모습을 볼 수 있다. 계곡은 크지 않지만 가파른 지형이라 물길이 힘차게 쏟아지는 느낌이다. 해발 450~600m 높이에 오르니 민가가 드물게 나왔다. 그리고 고지대임에도 생각보다 넓은 농토가 나왔다. 아래쪽의 국도와 좁은 계곡을 생각하면 이 험준한 산 위에 이 정도의 농토가 있다는 것 자체가 신비롭다. 농토 가운데 작은 계곡이 있고 그 건너편에는 두어 채의 빈집이 보였다.

아이들 소리가 크게 들리는 집으로 찾아갔다. 주말이라 영월 읍내에 사는 아들과 손자들이 일을 도우러 와 있었다. 이 마을에서 태어나 지금까지 살아온 삼척 김씨 김형주 어르신은 옛날에는 30가

연하리에는 작은 계곡에 앙증맞은 연하폭포가 있다.

구가 있었고 담배 농사를 지었다고 한다. 지금은 10가구 정도 남아 있는데 절반은 외지인이 들어와 집을 짓고 산다고 했다. 이 작은 계곡은 아무리 가물어도 수량이 줄 뿐 물길이 마르진 않았는데, 지금은 주변에 광산이 개발되면서 전반적으로 물이 많이 줄어들었다.

6·25 전쟁 때는 인민군이 들어오지 않아 조용하게 넘어갔다. 어르신 역시 전쟁의 참화는 전혀 느껴보지 못했다고 한다. 어르신은

예전부터 십승지마을이라는 말은 많이 들었지만 특별히 관심이 없었던지라 특출한 것은 기억에 없고 걱정거리 없이 평온한 생활을 해왔다고 회상했다.

이 마을에 내려오는 이야기가 하나 있다. 주변에 삼척산이라는 외딴 산이 하나 있는데 삼척에 살던 김씨 성을 가진 사람이 토호의 착취에 못 이겨 이곳으로 피신해 들어와 부자가 되었다는 이야기다. 이래저래 삼척 김씨들이 많이 숨어들어 산 흔적으로 보인다.

작은 고개를 넘어 더 깊이 들어가니 은신 생활자처럼 보이는 초로의 신사가 반갑게 맞았다. 잠시 이야기를 나누었는데 경기도에서 살다가 수년 전에 들어왔다고 했다. 이 신사는 십승지에 대해 자랑스럽게 이야기했다. 열변을 토하듯 말하더니 산 너머 이웃 동네(노루목) 십승지에 대해서도 목청을 높이기 시작했다. 오랜만에 도회지 사람이 방문해서 그런지 계속 붙잡고 이야기하고 싶어 했다.

계사동은 거의 모든 주민들이 떠나가면서 특별히 전해지는 이야깃거리가 없었다. 하지만 1,000m 산의 배꼽 부위에 터를 잡은 이곳은 마르지 않는 계곡물에 외지와는 철저히 차단된 지역으로, 농사를 지으며 살아갈 수 있는 조건을 갖추고 있었다. 이곳은 여름철이면 물놀이 인파가 넘쳐난다. 좁은 계곡이지만 수량이 풍부한 데다 시원하기로 유명한 십승지마을이다.

*

영월의 힐링 포인트

● 청령포

어린 단종이 삼촌 세조에게 왕위를 빼앗기고 유배 온 육지 속에 고립된 땅 청령포다. 나룻배를 타고 1분이면 들어간다. 단종의 애사가 곳곳에 깃든 곳으로 영월의 대표적인 관광지다. 단종은 이곳에서 두 달가량 유배 생활을 하다가 홍수가 나는 바람에 영월 읍내로 옮겼지만 곧 사약을 받았다.

● 장릉

12살에 왕위에 올라 15살에 세조에게 쫓겨난 후 영월에서 비운의 죽음을 맞이한 단종의 능이다. 지금은 이 일대를 공원처럼 만들어 누구나 편하게 산책하며 여행을 즐길 수 있다. 장릉은 2009년 유네스코 세계문화유산에 등재되었다.

● 한반도 지형

선암마을 한반도 지형은 영월의 효자 관광지다. 한반도 지형을 빼닮은 낮은 산줄기와 휘감아 도는 강물의 풍경에 찬탄이 절로 나온다.

선돌

마치 바위를 큰 칼로 내리쳐 두 동강을 낸 듯, 갈라진 틈새로 강물이 유유히 흐른다. 이 강은 영월의 서강이다. 선돌을 바라보며 소원을 빌면 이루어진다는 이야기도 있어 경치와 함께 즐기려는 사람들이 많다. 절리와 침식면 하안단구도 놓치지 말아야 할 부분이다.

별마로천문대

'별을 보는 고요한 정상'이라는 뜻의 별마로천문대는 동강과 서강이 만나는 봉래산에 있다. 시골 밤하늘을 유영하듯 우주의 신비를 만끽하는 여행지로 각광받고 있다.

보리밥

강원도 산골마을답게 보리밥이 유명하다. 배고프던 시절의 주식이었던 보리밥이 이젠 추억의 밥상으로 돌아왔다. 꺼칠꺼칠한 보리밥이지만 구수한 맛에 매료되고 10여 가지의 산채나물과 비벼 먹으면 최고의 웰빙음식으로 즐길 수 있다.

산채비빔밥 & 곤드레나물밥 & 칡 국수

산악지역 특유의 식재료가 총동원된 밥상이 입맛을 돋운다. 우리 땅에서 나는 향토 음식을 즐길 수 있는 메뉴들이다.

전라도에 있는 면 단위 고장 하나가 '경상도촌'이다. 언어도 생활방식도 경상도 그대로다. 마치 중국에서나 볼 법한 '소수민족촌' 같은 풍경이 펼쳐진 동네가 바로 무주 무풍 십승지마을이다. 무풍의 십승지마을에 은둔하려는 욕구는 명성황후의 척신에게도 이어졌다. 명성황후의 척신인 민병석은 만약의 사태에 대비해 고종과 명성황후의 신변을 담보할 곳으로, 무풍에 명례궁이라는 99칸의 행궁을 지어 상납했다. 이 지방 궁궐은 멋지게 지어졌지만 명성황후는 끝내 피신할 겨를도 없이 살해되는 바람에 황후를 보듬어주려고 만든 행궁은 주인을 잃고 말았다.

8장

명성황후의 척신도 탐내던 땅, 무주 무풍

"무주 무봉산 북쪽 동방 상동이니 피란 못할 곳이 없다茂朱舞鳳山北銅傍

相洞, 無不避亂."

『감결』에서 말한 무주 십승지 이야기다. 무봉산을 비롯해서 이곳
을 설명하고 있는 지명들은 유난히 확인하기가 애매하다. 혹자는 무
봉산의 '봉鳳' 자를 '바람 풍風' 자의 오기로 의심하기도 하고 '풍豊'
과의 관계에 대해서도 의구심을 갖는다. 이를 남사고가 설명한 내용
과 대조해보자.

"무주 무풍 북동 방음 덕유산이니 위난을 피하지 못할 리 없다茂朱舞

豊北洞傍陰德裕山則無不避危."

이 역시 한자의 해석을 어떻게 하느냐에 따라 의미에 다소 차이가 날 수 있지만 크게 보면 역시 무풍 전체를 생각할 수 있다. 덕유산의 내맥이 무풍으로 뻗어 깊은 은신처를 만들었으니 위난을 피할수 있게 해주는 곳이다. 따라서 무풍 십승지는 지금의 무풍면 전체로 보는 것이 일반적이다.

무풍면이 자리 잡은 이곳은 전북 무주읍에서 동쪽으로 약 30km 들어간 해발 500~600m 전후의 고원지대다. 북쪽의 속리산에서 내려온 백두대간이 민주지산에 이르러 병풍처럼 둘러쳐져 있고, 이 산을 기점으로 덕유산으로 이르는 줄기가 대덕산 투구봉과 삼봉산을 거치며 무풍면을 아늑하게 감싸 숨어 살 만한 땅이 되었다. 무풍면 하나를 통째로 둘러싼 지형이다. 분지도 넓어 자급자족에도 문제없다.

그래서 임진왜란, 병자호란과 같은 전란을 겪으면서 이곳으로 피란 온 사람들이 많았다고 한다. 『무주군사』에는 무주군민의 많은 사람들이 당시 피란 온 사람들의 자손으로, 특히 밀양 박씨, 안동 권씨, 문화 유씨 등 18개 성씨의 중시조가 모두 이곳으로 들어와 새 둥지를 텄다고 기록하고 있다.

십승지 무풍 내에서도 핵심 피신처라고 한다면 대덕산 투구봉 아래 사동(삭골)과 석항리(돌목이)다. 이 두 마을은 알출골로 들어가는 계곡 중간 지점에 자리하고 있다.

백두대간이 무주 덕유산에 이르기 직전 대덕산이 감싸 안은
무풍에는 주민들이 곳곳에 이주해 살고 있다.

전라도 속 소수민족, 경상도 마을

"나 신라 총각, 요 아랫동네 백제 처녀를 꼬셔서 결혼했지. 불법으
로 말이야."

갑자기 무슨 삼국시대 〈서동요〉 같은 이야기다. 다른 한마디를 더
들어보자.

"나 신라 사람이오, 근데 경상도 사람이 아이고(아니고) 전라도 무

주 사람이오. 여기 산골까지 모할라꼬 온기고?(무슨 일로 왔느냐?)"

전라도 무주茂朱 땅 '경상도마을' 사람들의 오늘날 이야기다. 엄밀히 이야기하자면 '신라마을'이 더 맞겠다. 전라도 속 신라마을 또는 경상도마을, 선뜻 이해하기 힘들겠지만 덕유산 자락 한 켠에 '경상도촌'이 있다. 좀 더 신비스럽게 표현하자면 '전라도 내 소수민족 경상도촌'이다. 전라북도 무주군의 가장 동쪽 무풍면이 그곳이다.

삼국시대 때 신라 땅이었으니 신라(경상도)의 언어와 생활양식을 간직해왔는데 1천 년이 훨씬 지난 지금도 경상도 사투리를 쓰고 있다. 지리 감각이 없는 사람이 차를 타고 가다 이곳에 내려 주민에게 말을 건다면 이곳이 경상도라고 착각할 것이다.

신라인이 대를 이어 살아오면서 그만큼 외부 세계와의 왕래가 적었던 까닭에 지금까지 언어와 생활풍습이 고스란히 남아 있다. 그러므로 십승지로 주목받을 만했다. 게다가 훗날 경상도 주민들이 많이 이주해 오기도 했다.

'신라 총각 백제 처녀' 이야기로 다시 돌아가보자. 무풍면 주민인 최연표 별미가든 대표는 40년 전 아랫마을 '백제 아가씨'와 결혼했다. 당시만 해도 '불법결혼'이었다고 한다. '혼인신고가 되는 불법결혼'이다. 그 사연이 재미있다. 수십 년 전까지만 해도 '백제 땅'에서 보면 '신라 사람들'이 말을 바꿔 탄 것이라고 생각해왔다. 이런 가운데 신라에서 백제에 대해 '상놈'이라고 하면, 백제에서는 신라를 '말 기르는 기술도 없는 너희들이 상놈'이라며 서로 양반 상놈 논쟁도

벌였다.

신라 쪽 사람들은 백제 쪽 사람들에게 "물 아래(신라 쪽 하천이 백제 쪽으로 흘러 내려가는 아랫마을을 지칭) 가시내하고는 결혼 안 한다."라고 했고 백제 쪽 사람들은 "신라 사내들은 물러빠져서 여자를 거느릴 수 없다."라고 해서 서로 결혼도 안 했다. 그러니 최 대표는 자신의 결혼을 "불법"이라고 말했다. 불과 40년 전까지만 해도 그랬다.

지금은 자유결혼을 하고 서로 나쁜 감정 없이 아주 좋은 사이지만 간혹 할아버지 세대는 여전히 결혼한다고 하면 "저 미친 놈 아이가(아니냐)." 하며 그 풍습이 그대로 있다고 한다. 제사 등 생활풍습도 많이 다르다. 상차림도 다르지만 제사도 백제 쪽에서는 전날 밤 10시에 지내고, 신라 쪽에서는 자정에 지낸다. 이웃 마을끼리 이렇게나 다르다.

최 대표는 자신의 사투리에 대해 "경남 거창, 경북 김천을 아울러 경상도 사투리가 90%이고 충북 영동, 충남 금산을 합쳐 충청도 말이 5%, 그리고 전라도 사람인 내가 전라도 사투리는 5%밖에 안 된다."라고 말했다. 무주가 전라북도이지만 경계를 이룬 도道가 경남·경북과 충남·충북, 이렇게 4개도와 접하고 있어서 결국 5개도의 말이 혼재한다는 것이다.

그래서 재밌는 일화도 많다. 무풍면 주민 김홍기 전 전북도의원도 백두대간 너머 경상도 김천 대덕이나 거창, 대구로 가면 전라도 사람이라고 하겠지만 경상도 사투리를 쓰기 때문에 안 좋은 일은 없었다. 또 전라도에서는 주민등록 본적이 '전라북도 무주군'으로 되어 있어서 엄연한 전라도 사람으로 대접받고 지낸다고 했다. 하지만 이들 두 지역 사이에서 '경계인'의 삶을 잘 살아왔기 때문에 가능한 이야기다. 대구에 가면 경상도 사람, 전주에 가면 전라도 사람임을 의식적으로 부각시키려는 노력을 한다는 것이다. 그래야 사업을 해도 도움을 받을 수 있다.

무풍에서 만난 오석환 선생은 100% 경상도 사투리를 쓴다. "나는 신라 사람이고 또 전라도 사람이지."라고 당당하게 말하고 있다. 외지인인 필자가 이곳 무풍에서 만나는 사람들에게 이 마을에 사시는지 물으면 첫마디가 "신라 사람이지."라고 말한다. 그러고는 "전라북도 무주 사람이지요."라는 말을 잇는다.

면사무소가 있는 무풍면 소재지는 그나마 대로변이고 외지인의 왕래가 잦아 요즘은 조금 희석되었지만, 마을 단위로 들어가면 아직도 옛 풍습을 많이 간직하고 있다. 그렇지만 이곳 무풍 사람들과 무주의 다른 지역 사람들은 서로 나쁜 감정 따위는 없고, 무주 사람이라는 자부심을 갖고 더불어 살아가고 있다. 주민들은 이것이 무주의 저력이라고 말한다.

이 무풍면의 서쪽 설천면 일대가 삼국시대 때 신라와 백제의 국경선이었다. 무주읍에서는 30번 국도로 대구 방향 20km쯤 떨어진 곳으로 나제통문羅濟通門 일대가 그곳이다. 국경선이었던 만큼 수시로 큰 전투도 있어서 수많은 병사들이 전사한 흔적도 발견되었다고 전해진다. 무주 구천동에서 흘러내려온 나제통문 앞 원당천에는 시신이 넘쳐 파리가 들끓었다고 해서 그 늪을 '승소蠅沼(파리소)'라고 부른다.

7세기에 김유신은 이곳 나제통문을 중심으로 남쪽으로 덕유산 너머 장수군의 육십령까지 넘나들며 백제와 격전을 치렀고 마침내 660년에 백제를 접수한다. 이 나제통문은 일제강점기 때 도로를 내기 위해 야산에 굴을 뚫어 만든 것으로, 역사적 현장임을 내세워 훗날 그 이름을 '나제통문'으로 지었다. '나제'는 신라의 '라羅'와 백제의 '제濟'를 합쳐 만든 이름이다.

하지만 나제통문 일대의 전투 이후 약 1,400년이 지난 지금까지 이곳 주민들은 뚜렷한 경상도 사투리와 서로 다른 풍습을 간직한 채 살아가고 있다. 지금도 무주 읍내에서는 주민들 간의 말투 하나로 어디 사람인지 서로가 다 알 정도다. 이 무풍 십승지마을은 그렇게 역사와 전통을 품고 오늘에 이르렀다.

못 다 이룬 명성황후의 꿈, 명례궁

1890년(고종 27년) 전라북도 무주군 무풍면 오지 '무릉도원의 땅'에 99칸짜리 별궁이 들어섰다. 이 별궁은 명성황후와 고종황제를 위해 지은 지방 궁이다. 명성황후의 척신 민병석이 지어 명성황후에게 상

나제통문은 무주에서 무풍 십승지마을로 들어가는 관문이
다. 이 굴은 일제강점기 때 도로를 내기 위해 뚫었다.

납했다. 1882년 임오군란 직후 장호원, 충주 등지로 도피 생활을 해야
했던 명성황후로서는 당시 한 치 앞을 내다볼 수 없는 조정의 운명
이 지속되는 가운데 이 무풍의 행궁은 든든한 안식처가 되어주었다.

　실제로 명성황후는 자신의 운명이 또다시 언제 어떻게 처해질지
몰라 늘 불안감을 안고 살아야 했다. 시아버지인 흥선대원군과의 관

계는 물론 일본과의 문제에서도 늘 신변의 위협을 느꼈다. 그 불안
감 때문에 지방 여러 곳에 유사시 피신처로 활용할 행궁 건립을 추
진하도록 했다.

명성황후의 척신 민병석은 전국의 보신처를 찾다가 이 무풍 십승
지마을에 궁궐을 지으러 들어왔다. 민병석閔丙奭(1858~1940년)은 명
성황후와 같은 여흥 민씨閔氏로 황후보다 7살 아래다. 훗날 일본 세
력을 축출하려다 실패하고 1895년 초에는 원주에 유배를 가기도 했
던 인물이다. 그는 민씨 척족세력의 부활과 함께 사면되면서 군부대
신·학부대신·궁내부대신 등의 요직을 지내기도 했다. 민병석은 조
선 말기 청나라와 일본, 그리고 서구 열강이 이 땅에 들어와 혼란스
러웠던 때 명성황후와 고종황제가 유사시를 대비해 몸을 보전할 땅
에 행궁을 지은 것이다. 이 무풍 땅은 정감록에서 일찍이 '사람의
씨'를 보전할 수 있고 '곡식의 종자'를 구할 수 있는 땅으로 신비스
럽게 여기던 곳이다.

무풍에 들어온 민병석은 명성황후의 척신이었던 만큼 상당한 권
력을 갖고 있었고, 당시 무주부사茂朱府使 서완순徐完淳의 협력 속에 현
내리에 99칸 비궁을 지었다. 공사 사업비는 무주군의 상납을 대납
해 얻은 이익금으로 충당했다고 한다. 다시 말해 무주 주민들의 세
금으로 지었다는 것이다. 그 결과 주민들 상당수가 고통을 감내해야
했다.

준공 후 민병석은 토지 300마지기를 부속시키고 쌀 1,500석을

보유하게 한 후 명성황후에게 상납했다. 그리고 이 궁을 '명례궁明禮宮'이라 명명했다. 당시 전국 여러 곳에 행궁 건립을 추진했는데 이곳 무풍의 명례궁은 완벽하게 건립되어 상납까지 마친 완성품이 되었다.

'명례궁'이란 이름은 원래 서울 덕수궁의 옛 이름이다. 광해군 때 경운궁으로 불리다가 인조 즉위 후 명례궁으로 개칭했는데, 1896년 고종이 거처를 옮기면서 다시 경운궁으로 불렸다. 지금의 덕수궁이라는 명칭은 1907년 순종 때 붙여진 것이다. 고종이 경운궁으로 부르면서 기존의 명례궁이라는 이름은 지방 행궁에 붙인 것으로 보인다.

명성황후는 무풍의 명례궁을 상납받고 구씨具氏 성을 가진 승지承旨를 초대 관감官監으로 임명했다. 뒤이어 민병석의 사촌 동생인 민병형이 2대 관감으로 부임했고, 3대 관감에는 초대 관감 구승지의 양자 구일모가 부임했는데 그는 이 명례궁의 마지막 관감이 되고 말았다.

명성황후는 99칸 별궁에 와보지도 못하고 고종 32년(1895년)에 갑작스럽게 살해되는 을미사변乙未事變을 맞았다. 황후를 위한 명례궁이었지만 운명은 야속하게 비껴갔다. 너무나도 갑작스러운 변고였기에 미처 피신할 틈이 없었다.

그리고 10년 뒤 광무 9년(1905년)에 을사조약이 체결되어 비운의 이 지방 궁궐은 통감부의 권력하에 들어갔다. 조정에서 명례궁의 관감을 폐지하고 주민의 세금으로 지은 별궁을 돌려주게 하자, 이 과정에서 민병석의 이름으로 개인 소유 집이 되었다. 명성황후를 위한 비밀 지방궁 명례궁은 이때부터 개인의 아방궁으로 변모했다. 그후 무풍 주민 하인환이 10여 년간 관리해오다가 다른 사람에게 매각했다.

해방 이후 명례궁의 토지는 금융조합 소유가 되었고, 건물은 강순열의 소유로 양분되었다. 훗날 폐가가 되면서 철거하게 되는데, 건축 목재의 일부는 대덕산 정각으로 쓰이고 또 일부는 영동군 양산면 지서 건물로 팔려 나가며 뿔뿔이 흩어지는 비운을 맞았다. 지금은 명례궁 터도 여러 사람이 사들여 집을 지어버렸다.

그러나 오늘날에도 이 명례궁을 복원하려는 집념을 가진 사람이 있다. 바로 김홍기 전 전북도의원이다. 김 전 도의원이 애착을 갖는 데는 이유가 있다. 예전에 그의 집안에서 명례궁을 매입하려 했다가 포기했기 때문이다. 그의 가문은 한때 전라북도 갑부였다고 한다. 무풍에서 양조장을 해 경상도 마산과 포항까지 약주가 팔려 나갈 정도로 거부가 되었는데, 김 전 도의원의 큰집이 명례궁을 사서 들어가고 자신네는 큰집이 살던 집으로 이사할 계획을 세웠지만 폐가에 들어가는 것은 좋지 않다 해서 결국 포기했다고 한다. 그러나 복원시키고자 하는 미련은 아직도 남아 있다. 김 전 도의원은 도의원 시절 문화재 발굴과 관리에 힘써왔다며 지금도 그런 노력을 하고는 있지만 개인 신분이라 어려움이 많다고 토로했다.

필자에게 명례궁에 대해 설명해주던 현내리 주민 이석하 선생도 어릴 때 명례궁에 들어가 논 적이 있다며 어마어마한 집이었음을 회상했다. 이 선생은 당시 집 구조에 대해서도 상당 부분 기억하고 있었다. 종이에 구조를 그려가면서 설명하시는데 정말 명례궁이 어마어마했음을 직감할 수 있었다.

이 선생과 김 전 도의원은 향토 문화재 차원에서 복원해 지역발전과 애향심을 고취시키려고 지금도 애쓰고 있다. 그래서 예전에 팔려 나갔던 자재들을 다시 회수해오는 등의 노력을 하고 있다. 하지만 개인의 힘만으로는 재원 마련 등의 문제가 적지 않아 안타까워했다.

곡식의 종자를 구하는 3풍 중 한 곳

1519년(중종 14년), 조광조의 급진개혁에 위기의식을 느낀 훈구세력의 반격으로 기묘사화가 일어났다. 그 결과 젊은 사림파의 선두 조광조는 하옥된 지 한 달 만에 사사되었고, 수많은 사림파들 역시 죽음을 맞거나 유배당했다. 이때 군자감 주부 벼슬의 황힐黃詰 또한 조광조 세력에 적극 동조했다는 사유로 전라도 무주로 유배를 떠났다. 그리고 황힐은 이후 무주에 정착해 살았고, 무주에 창원 황씨가 입향하는 계기가 되었다.

세월이 흐르고 470여 년이 지난 1993년, 무주 무풍에서 황힐의 13대손으로 태어난 황인성이 국무총리가 되었다. 황인성黃寅性

무풍 십승지마을의 상징인 대덕산. 경상남도, 경상북도, 전라
북도 3개도가 경계선을 이루고 있다.

(1926~2010년)은 난리나 변고가 있을 때도 몸을 보전해준다는 전라
북도 무주군 무풍면 돌묏이마을에서 태어났다. 돌묏이는 돌메기로
도 불리는 옛 지명으로, 일제강점기에는 한자어로 석항石項마을로도
불렸다. 지금도 이 모든 지명이 그대로 남아 있는데 행정상 지명은
증산리다.

이 마을에서 걸출할 인물이 된 황인성 국무총리의 생가

　황인성 생가 앞에는 작은 개울이 흐른다. 그 언덕 위에는 그가 어릴 때부터 놀며 책을 읽었던 250년 된 느티나무 두 그루가 있다. 황인성은 이 느티나무에 애착이 아주 많았다. 그 왼쪽으로는 명산 대덕산大德山이, 정면에는 망덕산望德山이, 그 너머에는 유명한 덕유산德裕山이 있어 예사로운 동네가 아니다. 황인성은 어릴 때 이 3곳의 산을 큰바위얼굴로 연상했다고 한다. 언젠가는 덕망 있는 인물이 나올 거라고 믿었다. 예상대로 걸출한 인물이 탄생했다. 이 나라의 재상인 국무총리가 출현한 것이다. 황인성은 예상했던 큰 인물이 바로 자신일 것이라고는 꿈에도 몰랐을 것이다.

무풍에는 장군과 정치인, 학자 등이 많이 배출되었다. 특히 황 전 총리와 같은 마을 또래친구인 김광수金光洙 전 5선 의원도 그렇다. 10대의 어린 나이에 무작정 상경해 종로 5가에서 밑바닥 생활을 거친 김 전 의원은 주식회사 대한교과서 회장이기도 했다. 가난했던 소년의 입지전적인 일화를 만든 장본인이기도 했다.

무풍은 무주에서도 제일 오지다. 이웃 구천동은 무풍에서 조금 떨어진 곳으로, 오죽하면 '무주 구천동'을 오지의 대명사로 불렀을까. 이곳의 공무원들은 '무풍으로 발령 나면 두 번 운다'는 재미있는 이야기가 있다. 처음에는 오지 발령이 서러워서 울고, 돌아갈 때는 정이 들어서 운다는 뜻이다.

무풍에 들어온 이상 꼭 해야 하는 일도 있다. 바로 아이를 갖는 일이다. 이석하 선생은 예로부터 "무풍 가면 꼭 잉태해서 오라."라고 하는 말이 있다고 했다. 그만큼 인물이 나는 고장이란 뜻이다.

무풍에는 또 '최하리 3성'이란 말도 있다. 옛날 전주 최씨, 진주 하씨, 흥양·전주 이씨 집성촌이 많아서인데 지금은 많이 희석되었다고 한다. 정확한 이유는 모르지만 진주 하씨는 약 390년 전에 진주에서 대거 무풍에 들어와 살았는데, 오늘날에도 가장 많은 성씨를 유지하고 있다. 집단 이주를 해왔다면 십승지를 찾아왔음을 짐작해볼 수도 있다. 필자와 함께 무풍 십승지를 둘러보던 이석하 선생도 조상이 연산군 때 세상이 어지러워 벼슬을 던지고 들어와 흥양 이씨 집성촌을 만들었다고 소개했다.

무풍은 정감록에서 말하는 곡식의 종자를 구하는 3풍(풍기·무풍·연풍) 중 한 곳이기도 한데 농사가 잘되기로도 유명하다. 시대에 따라 작목의 종류가 변천해왔다. 일제강점기에는 담배, 산업화시대에는 고랭지 채소, 지금은 사과가 주된 작목이다. 무주사과는 서울 가락시장에서 최고의 값을 받는데 이곳의 지형과 기후가 그 맛을 빚는다고 한다.

무풍면은 사과농가 소득이 한 해 300억 원을 넘는 알부자 마을이다. 시골에서 300억 원이면 대박농사다. 연소득 1억 원이 넘는 집이 100곳이 넘고, 3억 원 정도의 수익을 올리는 집도 수두룩하다. 요즘은 귀농인구도 어느 곳보다 많다.

무주의 힐링 포인트

● 덕유산 & 무주리조트

우리나라에서 네 번째로 높은 덕유산 향적봉 1614m에 오르면
전라도와 경상도, 충청도까지 한눈에 경관을 볼 수 있다. 덕유
산 자락에 있는 무주리조트는 최고의 휴양지로 꼽힌다. 덕유
산 국립공원 내 212만 3천여 평에 펼쳐진 대표적인 산악형 리
조트는 사계절 레저문화를 선도하고 있다.

● 구천동

제1경 나제통문에서 시작해 계곡을 따라 절경이 이어진다. 차
로 이동하면서 각각의 포인트에서 관람해야 한다. 마지막 제33
경은 덕유산이다.

● 적상산

덕유산의 명성에 가려 빛을 보지 못하고 있지만 단풍만큼은
덕유산을 능가한다. 단풍이 아름답기로 유명한 산으로 호국가
람 안국사가 있고 적상산 사고가 있다. 산 중턱에는 와인동굴
이 있어 천천히 여행을 하기에 적합하다.

반디랜드

무주의 자랑거리인 반딧불이를 비롯해 전 세계 2천여 종 1만 3,500여 마리의 희귀곤충이 표본으로 전시되어 있다. 이 외에도 온실에 식물원을 조성해 곤충과 식물의 세계를 생생히 감상할 수 있다.

태권도원

설천면에 세계 태권도인의 성지가 될 태권도원이 있다. 대한민국이 자랑하는 태권도의 성지가 생김으로써 세계 태권도인에게 무주가 새로운 문화교류의 장이자 태권도의 고향으로 인식될 것이다.

무주양수발전소

무주군이 빼놓지 않고 자랑하는 명소다. 일반 수력발전소와 달리 산 위에 저수지를 하나 만들고 아래쪽에 또 하나의 저수지를 만들어 심야에 남은 전력으로 상부 저수지로 물을 끌어올린다. 그런 다음 전력소비가 많은 낮 시간에 하류 저수지로 물을 떨어뜨려 전력을 생산한다. 명산 속의 두 호수를 함께 바라보는 재미가 쏠쏠하다.

산채정식

무주의 맛은 산채정식이 대표적이다. 무주리조트와 구천동 입구를 연결하는 도로 중간에 위치한 '별미가든'은 40종의 산나물이 전시회를 하는 듯 차려진다. 각종 버섯에서부터 두릅, 엄

나무, 산초, 곰취, 헛개나무, 오갈피 등 이름조차 생소한 식재료들을 직접 채취해 화학 조미료 없이 조리한다. 일본과 중국에서 더 유명할 정도로 입소문이 자자하다.

십승지 중 유일하게 서쪽 해안가에 위치하고 있다. 왜구의 잦은 노략질로 인해 해안 지역에는 마땅한 피신처가 없지만 부안 변산만큼은 십승지로 당당히 이름을 올렸다. 변산의 바다와 들판, 깊은 계곡이 '사람을 살리는 땅'이었기에 가능했다. 변산은 유난히도 이상주의 사회를 꿈꾼 사람들이 몰려들었다. 허균이 관직에서 파직된 후 변산으로 발길을 옮겨 『홍길동전』의 이상국가 소재를 발견했고, '실학의 비조' 반계 유형원도 변산의 우반동에 들어와 19년에 걸쳐 대작 『반계수록』을 집필했다. 이곳에서 싹튼 반계 유형원의 실학은 조선 후기 다산 정약용으로 이어지기까지 큰 영향을 끼쳤다.

9장

허균이 꿈꾸던
이상사회의 터전,
부안 변산

"부안 호암 아래가 가장 기이하다扶安壺岩下, 最奇."

『감결』은 부안을 아주 간단히 언급했다. 하지만 남사고는 부안에
대해 유난히 상세하게 설명했다.

"부안 호암 아래 변산의 동쪽은 은신하기에 최적지다. 그러나 탐라
가 남의 땅이 되면 그렇지 못하다. 변산 동쪽의 이 땅은 세란이 찾
아들면 변산 동쪽 그 이상으로 가서는 안 된다扶安壺岩之下邊山之東藏身最
奇, 然耽羅作異地 則不可 此地在邊山之東世亂尋之無上邊山東."

대부분의 십승지가 백두대간을 끼고 있는 것과 달리 이곳은 서해

호리병 모양 같다고 해서 '호암굴'로 불리는 바위굴 안으로 들어가면 100여 명이 지낼 만큼 큰 공간이 있다. 사진은 호암굴 안에서 본 모습(왼쪽)과 밖에서 본 모습(오른쪽)이다.

안에 접해 있다는 특징이 있다. 그만큼 지형지세가 은신하기에 좋다는 것을 의미한다. 여기서 말한 '호암'은 여러 이설이 있지만 산속에 숨은 기이한 모양의 바위 동굴을 의미한다는 게 일반적인 시각이다. '호암葫岩'의 '호' 자는 '병'을 의미한다. 이 바위의 굴 모양이 마치 호리병을 세워둔 모양 같다고 해서 붙은 이름이다.

외부에서 전혀 보이지 않는 이곳 호암의 굴 속은 100여 명이 은신할 수 있는 피신처로 꼽힌다. 그렇게 본다면 이곳 변산 십승지의 핵심은 바로 호암이 될 것이다. 우동제에서 왼쪽 산길로 접어들면 작은 사찰 대불사가 있고 그 안쪽 높은 바위산에 호암굴이 있다.

그런데 이 호암의 굴이 예사롭지 않다. 마치 각본에 짜여진 듯이 그 아래쪽에 큰 저수지(우동제)를 만들었는데, 이 저수지 모양이 호암굴 모양과 똑같이 생겨 섬뜩한 기운마저 든다. 예언가 남사고가 '은신하기에 최적지인 변산이 탐라가 남의 땅이 되면 그렇지 못하다.'라는 단서를 붙였는데 제주도가 가까워서인지, 아니면 물로 둘러싸여 있어서인지, 혹시 이 물도 그 말에 묘한 뜻을 품고 있는 건 아닌지 모를 일이다. 어쨌든 굴 입구 모양과 저수지 모양이 너무나 흡사한 것은 눈길을 끄는 부분이다.

변산의 십승지를 좀 더 넓게 펼쳐놓고 보면 이 호암에서 남쪽으로 조금 내려가서 넓게 펼쳐진 분지와 마을을 포함시킬 수 있는데 그 마을이 우반동愚磻洞 또는 우동리다. 부안 문화원 김경성 사무국장은 이 전체를 하나의 십승지마을로 보는 것이 적합하다고 말했다.

곰소만의 바닷가에서 보면 이 우반동 역시 천마산으로 가려진 지형이다. 백두대간에 자리 잡은 여타 십승지마을과 달리 변산은 '나 홀로 떨어져 나온 십승지마을'인데, 지리·지형적으로 보면 충분히 피신처로서의 기능을 갖고 있는 곳이다.

바로 앞 곰소만은 소금과 각종 해산물의 조달처였고, 마을의 넓은 분지는 식량을 자급할 수 있는 터전이 되었다. 게다가 난리가 있을 때는 변산의 계곡으로 숨어들면 누구도 찾을 수 없는 안전한 피신처가 되어주었다.

이 우반동의 산수와 땅, 그리고 17세기 조선의 시대적 상황이 허균으로 하여금 『홍길동전』을 쓰게 했고, 유형원은 『반계수록』으로 국가 개조를 주창했으며, 박지원은 『허생전』이라는 불후의 문학과 사상을 이 땅의 기운을 담아 태동시켰다.

우반동에서 꿈꾼 허균의 이상사회

허균은 서울의 기생을 임지에 불러들여 함께 지내다가 파직당했다. 선조 30년(1597년), 29세에 문과 중시重試에 장원급제한 '시대적 이단자' 교산 허균은 이듬해 황해도 도사都事로 제수되었지만 여자 문제로 6개월 만에 탄핵의 대상이 되고 만 것이다.

그의 정치적 시련의 싹은 젊은 날부터 커가고 있었다. 그는 강릉의 외가에서 태어나고 서울 건천동의 쟁쟁한 유교 가문에서 자랐다. 명문가 출신이었지만 선비로서의 격식과 명분을 타파하고 자유분방한 길을 걸었다. 특히 불교에 깊이 몰입했고, 기생을 가까이해서 항상 탄핵의 빌미를 샀다. 형조시랑·사복시정 등을 역임하고 1604년 황해도 수안군수로 부임했지만, 불교를 가까이했다는 이유로 또 물러나야 하는 우여곡절을 겪었다.

유교를 근본으로 삼았던 조선시대에 사대부들이 불교를 믿는다는 것은 그 자체만으로도 이단이었다. 그럼에도 그가 가진 자질은 조정에서 쓰임새가 많았다. 1606년 명나라 사신 주즈판朱之蕃을 영접하는 종사관이 되었다. 이때 그의 글재주와 학식이 다시금 세상의 중심에 섰고, 누이 허난설헌許蘭雪軒의 시도 중국에서 출판되는 기회를 얻었다. 그는 이러한 능력을 높이 평가받아 다시 삼척부사가 되었지만 불상을 모시고 참선한다는 이유로 또 탄핵을 받게 된다.

이후에도 그의 우여곡절은 계속 이어진다. 공주목사로 등용된 허균이 이번에는 신분에 발목 잡힌다. 서류庶流들과 친분이 두터웠다는 이유 등으로 또다시 관직에서 쫓겨난다. 1608년의 일이다. 이때 허균은 전라도 부안으로 내려가 유람 생활을 시작한다. 스스로 파격적인 언행을 일삼던 그가 '은둔의 땅'을 찾아 '이상세계'를 실현하려 했던 것일까? 허균은 이전부터 변산을 점지해두고 있었다.

그가 살았던 조선 중기, 그는 사회모순을 일갈하며 굴곡 깊은 정치인으로 파격적인 학문과 호민豪民을 그리워한 사상가였다. 최초의 한글소설 『홍길동전』의 씨앗도 개혁과 이상사회 꿈의 기운이 서린 변산 땅에서 발아했다.

여러 차례 세상의 쓴맛을 본 그가 부안에서 거처한 곳은 변산 우반동 골짜기에 있는 정사암靜思庵이었다. 정사암은 이곳 부사 김청택이 여생을 보내기 위해 지은 암자로, 그의 아들이 공주목사에서 파직당한 허균에게 이 집에서 머물 것을 권했다. 허균은 이미 변산을

허균이 거처하던 변산 우반동 골짜기에 있는 정사암 터

마음속에 점지해두고 있었다. 이전에 왕명으로 전라도를 오가며 변산의 아름다움을 익히 들어 알고 있었고 조용히 은둔할 수 있는 곳이라고 생각했기 때문이다. 게다가 '정신적 연인'인 부안 기생 이매창李梅窓과 교분을 다지면서 그의 변산 생활은 외롭지만은 않았다. 허균은 변산에 은둔해 자신이 꿈꿔온 이상사회를 실현하고자 했던 것이다.

우반동에 내려온 그는 2가지 전환점을 맞는다. 하나는 기생이자 조선 최고의 여류문인인 이매창과 벗이 된 것이고, 다른 하나는 한글소설의 효시이자 우리 국문학에 큰 자취를 남긴 소설 『홍길동전』을 집필한 것이다.

1601년 7월 23일 비가 억수같이 쏟아지던 여름날, 부안에 도착한 허균은 객사에서 기생 이계생(이매창의 본명)을 만나며 첫눈에 반했다. 허균의 나이는 32살, 매창은 28살이었다. 허균은 특히 매창이 거문고를 연주하고 시를 읊는 모습에 홀딱 반했다. 둘은 종일 술잔을 나누며 시도 주고받았다. 분위기가 이쯤 무르익으면 허균이 매창에게 손을 뻗치지 않았을까.

그러나 매창에게는 이미 마음을 준 남자 이귀李貴가 있었다. 이귀는 허균과 함께 공부한 교우이기도 했다. 허균이 자신을 좋아하고 원하는 것을 매창인들 왜 모를까. 기생의 신분이지만 한 남자를 위해 절개를 지켰던 매창은, 자신 역시 허균을 좋아했지만 그의 몸까지 받아들이진 않았다.

시간이 흐르며 허균과 매창의 관계는 우정으로 발전해갔다. 이들은 시를 통해 인생을 논하고 정신적인 교감과 사랑을 나누며 매창이 죽는 1610년까지 10년간 각별한 친구로 지냈다.

한때 매창과의 염문이 나돌자 허균은 자신의 저서 『성소부부고』의 '조관기행漕官紀行'에 고백하는 글을 남겼다. 허균은 매창과 "우스갯소리는 했지만 서로 문란하진 않았다."라고 했는데 그 '우스갯소리'는 아마 음담패설 수준이 아닐까 싶다. 어쨌든 매창이 죽자 누구보다도 슬퍼했던 사람은 당연히 허균이었다. 허균은 당시 서울에서 벼슬을 하고 있었는데, 매창을 위해 슬피 운 뒤 율시를 남겼다고 기록했다.

매창의 죽음을 슬퍼하며哀桂娘

아름다운 글귀는 비단을 펴는 듯하고妙句堪織錦

맑은 노래는 구름도 멈추게 하네淸歌鮮駐雲

복숭아를 훔쳐서 인간세계로 내려오더니偸桃來下界

불사약을 훔쳐서 인간 무리를 두고 떠났네竊藥去人群

부용꽃 수놓은 휘장엔 등불이 어둡기만 하고燈暗芙蓉帳

비취색 치마엔 향내가 아직 남아 있는데香殘翡翠裙

이듬해 작은 복숭아가 열릴 때쯤이면明年小桃發

그 누가 설도의 무덤 곁을 찾아오려나誰過薛濤墳

　　1573년 부안에서 태어난 매창의 원래 이름은 계생癸生·桂生이고 매창梅窓은 자호로 널리 불렸다. 허균을 비롯한 사람들은 매창의 애칭으로 '계랑桂娘'이라 부르기도 했다. 십승지 우반동이라는 이상향에 은둔한 허균은 매창과 함께했다. 서울의 벼슬자리에 오가며 자신이 꿈꿔온 이상세계를 그린 소설 『홍길동전』에는 허균이 체험하고 꿈꾸던 신분 타파와 이상사회 건설의 내용이 고스란히 녹아 있다. 하지만 은둔지 우반동을 떠나 서울 생활을 하던 허균은 결국 정치적 격랑에 휘말려 능지처참당하는 비운을 맞았다.

기생이자 조선 중기 최고의 시인이었던 매창의 묘소와 시비

'은둔 개혁가' 반계 유형원, 실학의 싹을 틔우다

반계 유형원磻溪 柳馨遠(1622~1673년)은 32살에 정쟁으로 혼란스러운 서울 생활을 접고 '은둔의 땅' 우반동으로 들어왔다. 서울 정릉에서 태어난 유형원은 세종 때 청백리의 표상인 문화 유씨 유관柳灌 (1484~1545년)의 후손으로 정통 양반가문 출신이다. 하지만 정쟁으로 인해 화를 입는 집안이 되고 말았다.

유형원이 2살 때 아버지 유흠柳欽(1596~1623년)은 '유몽인의 옥사'
에 연루되어 역적으로 몰리자 감옥에서 자결했다. 인조반정 직후 광
해군의 복위운동을 하려 했다는 누명을 쓴 것이다. 이 사건 당시 유
몽인은 은둔 생활을 했으나 모함으로 죄를 뒤집어썼고, 유흠 역시
무고하게 연루되었다. 이 참화는 유형원이 과거나 정치를 멀리하는
결정적인 계기가 되었다.

그는 어려서부터 학문에 매진했다. 네덜란드인 하멜이 제주도에
표류했을 당시, 제주목사였던 외삼촌 이원진이 그에게는 스승이나
마찬가지였다. 이원진은 당대 최고학자의 반열에 올라 있었다. 고모
부 김세렴 또한 유형원의 스승이 되어주었다. 유형원은 『서경』과 『역
경』을 고모부에게 배워 9살에 모두 읽는 재능을 발휘했다고 한다.

그러나 과거에 뜻이 없던 그는 함경감사로 떠나는 고모부를 따라
함경도와 평안도 일대를 유람하면서 어렵게 살아가는 백성들의 생
활을 직접 목격하게 된다. 또한 그는 훗날 전라도와 경상도를 여행
하며 백성들의 피폐한 삶을 몸소 느꼈다. 이러한 여행이 그가 우반
동에 은거하면서 실학의 씨앗을 틔운 역저 『반계수록磻溪隨錄』의 요체
가 되었다.

유형원이 살던 시대는 임진왜란과 병자호란을 겪은 직후인 데다
삼정三政의 문란으로 백성들의 삶은 황폐화되었던 때였다. 게다가 왕
권과 조정도 불안정한 상황이었다. 이러한 조선 사회의 여러 가지
모순을 혁파하고 이상적인 국가를 건설하고자 한 유형원은 『반계수

록』을 집필하기 시작한 지 1년 만인 32살에 변산 우반동으로 이주했다.

우반동은 원래 유형원의 선조인 유관에게 세종이 내린 사패지賜牌地가 있었으며, 유형원의 할아버지 유성민이 벼슬(형조정랑)을 마친후 내려와 별장을 짓고 살던 곳이기도 했다. 이 모습을 보면 도연명이 항쟁의 소용돌이를 피해 관직을 버리고 향리로 내려가 전원생활을 하며 여생을 보낸 귀거래사歸去來辭를 보는 듯하다. 은둔의 땅은 그렇게 이들을 보듬어 안았다.

우반동에 정착한 유형원은 북서쪽 산 중턱에 반계서당을 짓고 독서와 후진 양성에 힘썼다. 이때 읽은 책이 무려 1만 권에 달했다고 한다. 정치는 물론 전국을 여행하며 익힌 경제와 지리, 병법에 이르기까지 다루지 않은 분야가 없었다. 이곳에서 마음의 안정을 찾은 유형원은 "옛사람들이 말하기를 고요한 후에야 안정을 얻을 수 있고 생각도 할 수 있다고 했는데 그 말이 맞도다."라고 하며 자신의 생활에 만족했다고 한다.

우반동의 수려한 경치와 평온한 생활 속에서 그는 『반계수록』의 저술 활동을 이어갔고 완성이 되기까지는 무려 19년이 걸렸다. 31살에 시작해 49살에 집필을 끝낸 『반계수록』은 총 26권 13책으로 구성된다.

『반계수록』을 조선시대 최고의 저서 반열에 올린 데 힘을 다 쏟아서일까? 그는 집필 완성 3년 후인 1673년 52세의 일기로 우반동에서 눈을 감았다. 유형원은 『반계수록』을 통해 그가 꿈꿔왔던 이상국가 건설을 위한 모든 이야기를 쏟아부었다. 하지만 주목을 끌지 못하다가 약 80년이 지난 1750년 영조는 이 책을 간행하도록 지시했다.

'개혁'의 코드를 지닌 영조는 '국가개조'를 주창한 『반계수록』을 높이 평가했다. 영조는 "이미 100년 전의 사람이 수원의 지형을 논하고 성을 쌓는 방법과 비용까지 세세하게 밝혔다. 나에게는 아침저녁으로 만난 사람 같다."라고 했다.

유형원은 소수의 양반이 토지를 독차지한 현실을 직시하고 균등한 토지 분배가 국가 안정의 가장 기본이라고 생각했다. 그래서 개혁의 핵심으로 삼은 것이 바로 토지였다. 여기에서 나온 것이 균전론均田論과 경자유전耕者有田이다. 한편 병자호란으로 14살에 원주로 피난하면서 느낀 국방 문제에도 관심이 많았다. 그래서 우반동의 주민들을 모아 하루 300리를 말 타고 달리는 등의 훈련도 했다.

시대를 앞서 실학의 씨를 뿌린 유형원의 사상은 당대에는 묻혔지만 훗날 성호 이익으로, 순암 안정복에서 다산 정약용으로 이어지며 조선 후기 본격적인 실학사상의 열매를 맺었다.

필자와 함께 답사한 김양석 변산면 부면장은 우반동에 사는 부안 김씨 가문 중에는 그 옛날 반계 선생 가문의 논을 사서 살고 있는 사람들이 무수히 많다고 말했다.

『허생전』으로 변산의 도적을 교화한 박지원

가난한 서울 선비 허생은 오로지 글만 읽었다. 그러던 어느 날에 배고프다는 아내의 잔소리가 유난히 심해지자 1만 냥을 빌려 안성과 제주도에서 장사를 하며 큰돈을 손에 쥔다. 그리고 뱃사공을 만나 사람이 살 만한 섬을 알아봐두었다. 이때 변산 지방에서 수천 명의 도적들이 노략질을 일삼다가 관군에게 쫓겨 그야말로 굶어 죽을 지경이었다.

이 소식을 들은 허생은 도적 떼 두목을 찾아가 도적들을 모두 섬으로 데리고 갔다. 시끄럽던 나라도 조용해졌다. 도적 떼의 가족들도 함께 이주해와서 섬에는 순식간에 큰 마을이 생겼다. 이들은 3년간 농사를 지으며 풍년을 거뒀다. 모두가 열심히 일을 해 이상사회가 건설된 것이다. 쌓인 곡식을 장기도(일본 나가사키)에 전부 가져다 팔아 은銀 100만 냥을 벌어왔다.

이 내용은 연암 박지원의 소설 『허생전』 중에서 변산 부분의 줄거리다. 조선 후기 북학론의 중심에 서며 실학을 추구한 연암 박지원朴趾源(1737~1805년)도 홍국영의 난을 피해 한때 은둔 생활을 했다. 그가 은거한 곳은 황해도 금천의 깊은 계곡 연암이다. 이 연암이 결국 그의 호가 되었다.

서울 명문가 출신인 박지원은 중국 기행문집인 『열하일기熱河日記』로 우리에게 유명하지만, 당대에는 조선 사회의 문제점을 진보적인 시각으로 비판했다는 것과 틀에 얽매이지 않는 참신한 문체가 비판의 대상이 되었다. 오죽하면 정조正祖가 그의 문체를 직접 거론하며 반성문을 받아낼 정도였을까. 정조는 박지원의 『열하일기』 문체를 잡문체라 비하했고 이를 정통적 고문체로 고쳐 쓰도록 했는데 이를 '문체반정文體反正'이라고 한다. 규장각의 설치도 이와 무관하지만은 않았을 것이다.

박지원의 대표작 중 하나인 『허생전』에는 이곳 부안 변산의 이야기가 나온다. 소설 속 이야기지만, 왜 서울 양반이 이 변산을 지목했을까? 이는 당시 시대적 배경을 반영한 것으로 보인다. 『허생전』에서 특히 주목할 만한 것은 '변산의 도적'과 '이상국가' 내용이다. 이처럼 변산은 유난히도 이상세계와 관련이 많다. 이곳에 은거했던 허균이 『홍길동전』에서 그랬고, 유형원의 『반계수록』 역시 이상적인 국가를 모토로 저술되었으며, 박지원도 『허생전』에서 이를 묘사했다. 『허생전』에 묘사된 것처럼 선비가 장사하는 내용을 보면 당시 사회에서는 상상도 할 수 없는 일이지만, 이는 박지원의 실학사상이 있었기에 가능했다. 조선의 양반사회가 가진 기존 관념을 깨뜨려야 이상사회를 건설할 수 있다는 점을 보여준 것이다.

변산은 우리나라 십승지마을 중에서도 독특하게 해안가에 접하고 있다. 변산 일대는 수려한 자연경관과 더불어 곰소만에서 나는 각종 해산물과 넓은 들의 농산물, 그리고 변산의 임산물로 사람이 먹고살기 위한 천혜의 조건들을 갖추었다.

변산은 서해로 툭 튀어나온 반도 지형이다. 그래서 전라도 지방의 세곡선稅穀船이 이 앞바다를 거쳐야 한양으로 갈 수 있었기에 변산에 본거지를 둔 해적들이 자주 출몰했다. 변산은 결국 해적들이 몸을 숨기며 활동한 은신처였다. 먹을거리가 풍족했고 숨을 곳이 많았기 때문에 변산은 몸을 보전하기에 안성맞춤이었다.

변산에 몸을 숨긴 사람들은 이외에도 많았다. 조선 중기의 민노들이 그랬고, 조선 후기의 동학농민군 또한 관군에 쫓겨 들어와 이곳에서 몸을 보전했다고 전해진다. 이 변산의 계곡에 숨어들면 그 누구도 찾아내지 못했다고 한다.

반계 유형원이 묘사한 변산 우반동의 모습은 무릉도원의 전형을 보여준다. "변산 동남쪽 우반동은 산속에 둘러싸여 있다. 가운데에는 넓은 들녘이 있고, 봄이 되면 복숭아꽃이 마을의 시내를 따라 만발한다."라고 했으니, 도연명의 『도화원기』가 바로 이곳을 선경仙境의 세계로 지목한 게 아닐까 하는 생각이 든다.

*
부안의 힐링 포인트

격포항 & 채석강 & 적벽강

격포항은 해상교통의 요충지 역할을 해왔고, 오늘날에도 위도 등지로 가는 여객선이 운행된다. 채석강은 수만 권의 책을 쌓아 올린 듯한 해안가 바위가 유명하다. 또 이웃에 있는 적벽강은 붉은빛의 암반과 절벽으로 이루어져 석양이 비칠 때 보이는 빛깔이 황홀한 느낌을 준다.

곰소항

소금과 젓갈 생산으로 유명하다. 변산반도 앞바다를 칠성바다라 부르는데 고기 맛이 좋기로 유명하다. 매년 10월이면 젓갈 축제도 열린다.

내소사

전나무 진입로가 아름답고 1,400년의 숨결을 간직한 사찰이다. 특히 대웅보전의 빼어난 단청과 연꽃 문양의 조각이 훌륭한 솜씨를 자랑한다.

낙조대 등 내변산

변산반도의 봉우리에서 붉게 타오르는 석양을 바라보는 경치가 일품이다. 주변에 위치한 월명암과 변산 8경의 아름다움도 만끽할 수 있다.

새만금방조제

군산과 변산반도를 잇는 33km의 방조제가 바다 한가운데를 가로지른다. 이 방조제로 생긴 국토의 면적은 4만 100ha에 달하는데 여의도 면적의 140배다. 천천히 드라이브만 해도 상쾌함을 만끽할 수 있다. 방조제 중간에는 쉼터도 마련되어 있다.

해수욕장

위도해수욕장, 상록해수욕장, 격포해수욕장, 변산해수욕장, 고사포해수욕장, 모항해수욕장 등 운치 있는 해수욕장이 즐비하다.

부안 영상테마파크

경복궁·창덕궁 등을 철저한 고증을 통해 재현해놓았다. 이 밖에 성곽과 양반촌, 서민촌 등 다양한 세트장이 갖춰져 있다. 드라마 촬영지로 많이 활용되는 곳이다.

합천 가야산 일대는 험준하기로 유명하다. 십승지로 지목된 만수동은 가야산과 그 남산인 매화산 사이의 고산준봉에 위치한 험난한 곳으로 몸을 영구 보전할 수 있다고 했으니 최상의 피신처였다. 만수동을 비롯한 주변 일대는 이미 도선국사도 수없이 다녀가며 탐냈던 땅이었고, 뒤이어 최치원 선생이 세상을 뒤로하고 은둔했던 땅이다. 십승지가 '살기 편한 곳'이 아닌 '살아남을 수 있는 곳'이고 보면, 합천 가야는 십승지로서의 위상을 다시 한 번 느끼게 해준다.

10장

피신처로 이보다
좋을 수 없다,
합천 가야

"합천 가야산 만수동으로 주변 200리에서 영구 보전할 수 있다. 동
북의 정선현 상원산 계룡봉 또한 가능하다陜川伽倻山萬壽洞, 周回二百里可得

永保, 東北旌善縣上元山鷄龍峰亦可."

『감결』이 말한 합천 가야산 십승지다. 그런데 여기에서 '동북의
정선현 상원산'은 합천과는 별도로 강원도 정선을 언급한 것으로 보
인다. 상원산上元山은 바로 강원도 정선에 있기 때문이다. 정감록을
풀이한 많은 책들은 합천의 동북쪽으로 해석하고 있어 다소 혼란스
러운 부분이 있다.

'정선旌善'이란 한자의 지명은 강원도 정선에 쓰는 한자다. 그런데
이 '동북의 정선현 상원산'에 대해서 남사고도 똑같이 가야와 함께

이어서 다루고 있다. 하지만 남사고는 '동북쪽은 불가하다_{東北則不可.}'라며 정반대의 예언을 해 눈길을 끈다.

만수동_{萬壽洞}은 글자에서 보듯이 '장수하는 마을'에 붙는 지명이다. 전국 곳곳에 만수동, 만수산 등의 지명이 있는 곳은 모두 이러한 의미에서 불렸다고 보면 된다.

그러나 합천의 만수동은 지금은 없어진 지명이다. 비결서에서 '합천 가야산의 만수동'이라고 분명히 적고 있지만 오늘날에는 쓰이지 않는 이름이 되고 만 것이다.

이렇게 볼 때 정감록에서 말한 만수동은 유추해야 알 수 있다. 필자와 함께 답사를 한 풍수연구가이자 합천군 문화관광해설사인 손홍배 선생은 여러 가지 정황으로 볼 때, 해인사에서 바라보이는 맞은편 돼지골이 십승지로 지목된 만수동일 가능성이 가장 높다고 했다. 지금의 행정지명으로는 가야면 치인리지만 치인리는 해인사 주변 일대 전체를 이른다.

이곳은 해인사가 등지고 있는 가야산과 그 남산인 매화산 사이의 높은 지점에 자리 잡은 작은 분지다. 옛날에는 소수의 민가가 있었지만 지금은 사람이 들어가기도 어려운 곳이 되고 말았다. 그러니 최상의 피신처가 되었을 것이다. 십승지마을은 '살기 편한 곳'이 아닌 '살아남을 수 있는 곳'이었다. 마르지 않는 작은 계곡물은 사시사철 흘러 홍류동 계곡으로 빠져나간다.

1,430m의 가야산과 1,010m의 매화산이 감싼 심산유곡이어서

십승지로 지목된 만수동으로 추정되는 돼지골. 가야산에 자리한 해인사에서 바라본 모습이다.

옛날부터 은거해 들어와 살았던 사람도 적잖은 곳이다. 이 일대는 이미 풍수의 대가 도선국사도 탐냈던 땅이다. 지금은 명찰 해인사와 가야산 국립공원을 즐기려는 사람들로 주변 일대를 많이 찾는 고장이 되었다.

꿈 접은 신라 최고의 천재, 최치원의 은둔지

4살에 글을 깨우치기 시작해 10살에 이미 사서삼경을 읽을 만큼 총명했던 소년 최치원崔致遠(857년~?)이었지만 아버지는 아이의 장래가 걱정되었다. 6두품 신분인 아들이 제아무리 역량이 뛰어나도 신라에서는 17관등 중 6등위 아찬 벼슬까지가 한계였다. 이를 잘 알았던 아버지는 마침내 결단을 내린다. 당나라로 조기유학을 보내기로 한 것이다. 12살의 최치원은 "10년 안에 과거에 합격하지 못하면 내 아들이 아니다."라는 아버지의 말씀을 새기며 유학길에 올랐다. 그러고는 6년 만에 빈공과賓貢科에 합격한다. 과연 천재다.

그가 6년 만에 이국땅에 적응하고 말을 배우면서 과거에 합격했다는 것은 그만큼 피눈물 나는 노력이 있었기 때문에 가능했던 것이다. 그는 졸음을 쫓기 위해 상투를 매달고 가시로 살을 찌르며 공부를 했고, 남이 백百을 하는 동안 자신은 천千을 공부했다고 한다. 그는 어린 나이에도 신분의 벽에 부딪힌 한을 이국에 가서 한껏 풀어보려는 각오가 남달랐다.

그 후 최치원이 관역순관 직위에 있을 때 황소의 난이 일어났다. 874년 당나라 희종僖宗 때 소금정책 문제로 소금장수 황소黃巢가 왕선지王仙之와 함께 반란을 일으켜 뤄양洛陽(낙양)과 창안長安(장안)을 점령하고 스스로 황제라 칭하자 조정은 위기에 빠졌다. 쓰촨으로 도망간 희종은 고변高駢을 내세워 물리치도록 명했는데 이때 최치원은 고변의 종사관으로 참전한다.

전장에 나간 최치원은 "지혜로운 사람은 때에 순응해 성공하지만 어리석은 자는 이치를 거슬러 패한다. 온 천하 사람들이 너를 드러내놓고 죽이려 할 뿐만 아니라 지하의 귀신들조차 너를 죽이려 의논했을 것이다. 나는 한 장의 글을 남겨 너를 거꾸로 매달린 위급함에서 풀어주려고 하니 미련한 짓을 그만하고 일찍 기회를 보아 좋은 방책을 세워 잘못을 고치도록 하라."라는 〈토황소격문討黃巢檄文〉을 지었다. 이 격문을 본 황소가 간담이 서늘해 침상에서 떨어졌다는 명문으로, 신라인인 최치원이 당나라 내전에서 명성을 떨친 계기가 되었다.

하지만 아무리 재주가 뛰어났어도 그 역시 이국인의 한계를 넘어설 수는 없었다. 유학을 떠난 지 17년 만인 29살에 마침내 귀국한 최치원은 헌강왕으로부터 시독겸 한림학사 수병부 시랑지서서 감사侍讀兼翰林學士守兵部侍郎知瑞書監事로 임명되었다. 잇따른 왕명을 배경 삼아 대숭복사비문大崇福寺碑文 등의 명문을 남겼고, 당나라에서 지은 저작들을 왕에게 진헌했다.

최치원은 당대 최고의 문장가이자 엘리트였지만 그가 돌아왔을 때의 고국은 쇠퇴의 국운을 안고 휘청거리고 있었다. 국가 재정은 파탄이 나고, 호족들이 득세하면서 왕권은 나약하기 이를 데 없었다. 진성여왕 3년(889년)에는 전국적인 내란도 일어났다.

이미 당나라에서 황소의 난을 몸소 경험한 최치원은 웅대한 꿈을 안고 돌아왔지만 고국에서조차 똑같은 반란을 지켜봐야 했다. 결국 그는 청운의 꿈을 접고 스스로 외직을 청해 지방의 태수로 부임했다. 그가 이렇게 결심한 데는 당나라에서 배운 새로운 지식과 문화를 바탕으로 신라에서 크나큰 뜻을 펼쳐보려 했지만 진골 귀족들의 기득권 사회에 부딪혀 한계를 뼈저리게 느꼈기 때문이다. 최치원은 890년부터 대산군大山郡(태인), 천령군天嶺郡(함양), 부성군富城郡(서산)의 태수를 역임했다.

이후에 당나라에 사신으로 다녀온 최치원은 부패한 진골 귀족과 호족들을 타파하는 시무책時務策 10여 조를 진성여왕에게 올렸다. 그 공로로 6두품인 그의 신분으로서는 최고 관등인 아찬阿飡에 오르기도 했다.

그럼에도 불구하고 그의 개혁안은 대부분 휴지통으로 들어갔다. 문란에 입맛 들인 기득권들에게 그의 의견이 받아들여질 리가 없었다. 결국 진성여왕은 사태를 제압하지 못하고 효공왕에게 왕위를 선양했고, 이러한 절망을 뼈저리게 느낀 '신라의 천재' 최치원은 과감하게 계림(신라)을 떠나기로 결심했다. 마흔을 막 넘긴 최치원은 모든 관직을 내려놓고 마침내 은둔의 길로 접어들었다. 그는 한동안 지리산, 해운대 등 전국을 유람하며 '조국 신라'에 가졌던 정을 떼기 시작했다.

『삼국사기』「최치원전」에는 '계림은 시들어가는 누런 잎이요, 개경 곡령은 푸른 솔잎鷄林黃葉 鵠嶺靑松'이라는 내용의 편지를 왕건王建에게 보냈다고 할 정도였다. 신라가 곧 망하고 새로운 나라(고려)가 들어설 것을 예언한 구절이다. 그의 눈에는 분명 작금의 나라 꼴이 반드시 망할 징조였고, 그럼에도 기득권을 쥔 사람들은 나라가 망해도 자신의 밥그릇만 챙기면 된다는 추태를 부리는 광경에 괴로울 정도로 한탄스러웠을 것이다.

최치원은 당나라에서 17년 동안 보고 배우고 느끼고 돌아와 국가 개조의 큰 뜻을 펼쳐보려 했다. 하지만 기회를 얻지 못한 그는 침몰하는 배 위에서 더 이상 자신이 손쓸 수 있는 일이 없음을 확인하자 모든 것을 포기하고 떠났다.

최치원이 마지막으로 정착한 곳은 합천 가야산 품속 해인사가 있는 동네였다. 가야산 일대는 우리나라 풍수의 원조라 할 수 있는 도선국사가 최치원에 앞서 이미 풍수적으로 예찬했던 땅이기도 하다. 최치원 역시 유교·불교는 물론 도교와 풍수지리에도 조예가 깊은 전문가였다. 가족과 함께 해인사 근처 마을로 들어온 최치원은 홍류동 계곡에 농산정이라는 정자를 지어 풍류를 즐기고, 서당을 지어 후학을 양성하며 지냈다.

신라 최고의 지성이라 할 수 있는 최치원은 해인사에서 갖가지 흔적을 남겼다. 그중 대표적인 것이 스님과 지인들 앞에서 '가야산의 신선'이 되겠다며 지팡이를 꽂고 "이 나무가 살면 내가 가야산 신선이 된 줄 알아라."라고 말한 것이다. 정말 신기하게도 나무는 천년이 넘게 지금까지 잘 살고 있다. '학사대學士臺'라고 부르는 이 전나

최치원은 홍류동 계곡에 농산정이라는 정자를 지어 풍류를
즐기고 후학을 양성하며 지냈다.

무는 해인사 경내에 있다. 정말 신선이 되어서인지 그의 사망연도는
명확히 알 수 없다. 다만 908년(효공왕 12년) 말까지는 생존했던 것
으로 보인다.

신라 말엽 풍운처럼 살다 간 최치원은 고려에 와서 현종에 의해
1020년 내사령內史令에 추증되었고, 다음 해에 문창후文昌候에 추시되

최치원이 지팡이를 꽂으며 "이 나무가 살아 있으면 내가 가야
산 신선이 된 줄 알아라."라고 말한 후 사라졌다. 그래서인지
그의 사망연도는 밝혀지지 않았다.

어 문묘에 배향되었다.

현재의 치인리는 최치원의 이름을 따서 치원리致遠里로 불리다가
치인리致仁里로 불리게 되었고, 1914년부터 치인리淄仁里('淄'는 스님의 검
은 옷)로 불리고 있다.

팔만대장경은 왜, 어떻게 해인사로 왔나?

8톤 트럭 35대분의 대장경판을 조심스레 포장해 지게에 짊어진 남정네와 머리에 인 여인네, 그리고 소달구지를 끄는 사람들의 끝이 안 보이는 긴 행렬이 남으로 남으로 내려간다. 행렬의 맨 앞에는 향로를 든 동자가 길을 안내하고, 수많은 스님들은 독경을 하며 뒤따른다.

조선 태조 7년(1398년) 5월 강화도 선원사禪源寺에서 서울에 있는 지천사支天寺로 임시로 옮겨 모셨던 고려 팔만대장경을 경남 가야산 해인사로 이송할 때의 모습이다. 조선왕조는 왜 팔만대장경을 강화도에서 보관하다가 다시 합천 땅으로 옮겨야 했을까?

대장경은 고려시대에 두 차례에 걸쳐 국가사업으로 이루어졌다. 첫 번째 간행된 구판 대장경은 1011년에 불력佛力을 모아 거란의 침공 을 물리치려는 목적으로 1087년까지 무려 77년에 걸쳐 만들어졌다. 그러나 팔공산 부인사에 봉안되었던 이 구판 대장경은 고종 19년인 1232년에 몽골군의 방화로 소실되고 말았다. 그 후 5년 뒤 다시 본격적으로 대장경 간행 불사를 추진한 것이 현재의 팔만대장경이다.

고려 고종 23년(1236년) 몽골군의 침입으로 크게 화를 입은 고려는 호국불교의 힘으로 외세를 물리치기 위해 대장경 제작을 국가사업으로 크게 벌였다. 당시 강화도에 대장도감大藏都監 본사本司를 두고 진주와 남해에 분사分司를 설치해 대장경판을 새기기 시작했고, 장장

16년의 시간이 흘러 고종 38년(1251년)에 팔만대장경을 완성하게 된다. 완성된 팔만대장경은 강화도 판당板堂에 봉안했다가 강화읍 남쪽 선원사禪源寺로 옮긴 후, 잠시 서울을 거쳐 다시 경남 합천 해인사로 옮겨졌다. 팔만대장경을 만든 과정도 그러했지만 이송한 과정 역시 불가사의한 일로 받아들여지고 있다.

이 일이 왜, 어떻게 가능했을까? 우선 가야산 해인사는 대장경과 밀접한 관련이 있는 대각국사 의천이 주석했던 인연을 갖고 있었다.

무엇보다도 중요한 문제는 몽골군의 침략과 왜구의 잦은 노략질로 대장경을 가장 안전한 곳에 보관해야 하는 것이었다. 강화도나 서울은 안전지대가 아니었다. 그렇게 해서 선정된 곳이 합천 가야산의 해인사다. 합천은 남해안에서 멀리 떨어져 왜구의 발길이 닿기 어려울 뿐만 아니라 북의 몽골과도 먼 남쪽 땅이니 지리적으로 가장 안전했다. 게다가 이미 통일신라시대 때부터 최치원이 은둔의 땅으로 삼고 들어왔을 정도로 피신처로서의 지형을 갖춘 곳이자, 훗날 조선시대에도 수많은 민중들이 십승지마을로 삼아 찾아든 곳이었다.

해인사도 이 가야산의 가장 깊은 곳에 들어앉은 피신처의 땅이다. 동서남북 어느 쪽에서든 들어오는 길이 없을 만큼 차단된 세계였다. 그래서 조정에서도 가야산을 신령스러운 명산으로 여겨 팔만대장경을 온전히 보전해주리라 믿었다.

그런데 당시 그 험한 길로 엄청난 분량의 대장경을 소달구지에 싣고, 지게에 지고, 머리에 인 행렬이 조선 태조 7년(1398년) 5월에 시작해 이듬해 정종 원년(1399년) 정월에 이르러서야 비로소 해인사에 옮겨졌으니 장장 8개월이 걸렸다. 당시 그 거리를 걸어서 간다면 보름 정도면 갈 거리였다.

일설에 따르면 한강에서 배에 싣고 서해를 통해 낙동강 줄기인 지금의 고령군 개진면 개포마을까지 거슬러 가서 해인사로 운반했다는 이야기도 전해진다. 그래서 이 개포마을의 옛 이름이 '경經을 풀었다.'라는 뜻으로 개경포開經浦라고 했다는데, 좀 더 구체적인 자료는 없다.

또한 세계적인 유산인 이 팔만대장경은 750여 년이 지난 오늘날까지 온전히 보존되어 그 비결이 불가사의한 점으로 꼽힌다. 하지만 2013년 한 방송에서 약 1만 개의 대장경에 좀이 생긴 현상을 보도했다. 정확한 조사를 통해 대책이 마련되어야겠지만 적어도 750여 년간 무사했다는 것은 분명 주목할 만한 일이다.

불가사의했던 일은 또 있다. 6·25 전쟁 중이던 1951년 해인사 전체가 불바다로 날아갈 뻔했던 아찔한 순간이 있었지만 한 사람의 군인이 살려냈다. 당시 인민군이 해인사에 있다고 판단한 군 상부에서 폭격을 명했지만, 공군 전투비행대 소속 김영환 대령은 휘하 군인들에게 자신의 명령 없이 절대로 폭격하지 못하게 엄명을 내렸다. 물론 자신은 이미 상부의 지시를 거역한 '죄'를 안은 셈이다. 그는 해인사에 우리의 문화유산 팔만대장경이 있다는 걸 알고 있었기에 이를 자신의 처벌과 맞바꾸었다. 팔만대장경을 750여 년이 지난 오

6·25 전쟁 때 불바다가 될 뻔했던 위기도 무사히 넘긴 해인
사의 모습

늘날의 우리들에게 온전히 물려준 것은 자연적인 현상이든 과학적
인 방법이든 인위적인 노력이든, 그 무엇 하나 신기하지 않을 수 없
다. 팔만대장경이 바로 이 땅 가야산 품에 있었기에 가능했음을 부
인할 수 없을 것이다.

대장경을 만들 때 사용한 목재는 거제도·완도·제주도 등지에서

자작나무를 베어 바닷물에 3년간 담갔다가 꺼내어 판을 짜고, 다시 소금물에 삶아 그늘에서 또다시 3년간 말렸다. 이렇게 목재를 준비하는 데만도 6년이나 걸렸다. 그 후 양면에 양각하고 방충을 위해 옻칠을 했다. 경판은 모두 8만 1,340판으로 양면에 새겼으며, 한 면에 322자씩 글자 수만 해도 5,238만 2,960자다. 원고지로 치면 약 30만 장의 분량이다. 팔만대장경판은 부수部數로는 1,516부다. 이를 책으로 엮으면 6,815권으로 하루 1권씩 읽는다고 해도 18년 이상 걸리는 방대한 양이다.

여기서 주목할 만한 불가사의가 또 하나 있다. 몽골의 침략 때문에 강화도로 천도한 비상 상황에서 대장경판을 새기기 위해 원고를 수집하고 사본을 정리하면서 조판하는 일이 짧은 시일에 이루어질 수 없는 상황이었다. 그런데 판목板木을 다듬고 경을 쓰고 글자를 새기는 이 모든 일이 16년 사이에 이루어졌다는 것은 도저히 믿기 어려운 일이다.

게다가 팔만대장경판을 새기는 과정에서 엄청난 분량의 글씨를 쓰고 조각하려면 수많은 사람들이 동원되었을 법한데, 경판의 글자가 오탈자 없이 정자로 쓰였고 한 사람의 필체로 보인다는 점은 우리를 깜짝 놀라게 한다. 이때 한 글자 한 글자 새길 때마다 절을 세 번씩 했다고 한다. 그래서 수천만 개의 글자의 새김이 하나같이 고르고 잘못된 글자가 거의 없다.

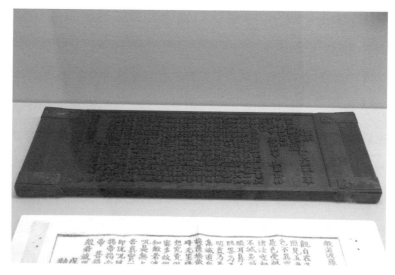

세계문화유산에 등재된 팔만대장경. 제작 과정은 물론이고 강화도에서 해인사로 옮기는 과정도 예사롭지 않았다.

적장의 간담을 서늘케 한 사명대사의 안식처

도요토미 히데요시의 부하장수인 가토 기요마사加藤淸正가 임진왜란에 참전해 울산성을 장악하고 있을 때, 사명대사四溟大師(1544~1610년)가 긴 수염을 휘날리며 성 안으로 뚜벅뚜벅 걸어 들어갔다. 적장인 그와 담판을 짓기 위해서다. 일본에서 수많은 전공을 세웠고 임진왜란 때 함경도까지 내달렸던 적장 가토도 승병을 일으켜 신출귀몰하며 왜군에게 막대한 타격을 입힌 사명대사를 만만히 볼 수 없었다.

두 사람이 마주앉았고, 가토가 물었다. "조선에 보물이 있습니까?" 사명대사가 이어받는다. "우리 조선에는 없고 일본에 있소." 가토가 당황해하며 되묻는다. "그게 무슨 말씀입니까?" 사명대사가 목에 잔뜩 힘을 주며 답한다. "지금 우리 조선의 보물은 네 놈들이 모두 가져가고 없소. 이제 조선에서는 가토의 목을 베어 오는 것을 보물로 삼고 있으니 보물이 일본에 있는 것이 아니겠소."라고 말해 가토의 간담을 서늘케 했다.

1544년 경남 밀양에서 태어난 임응규任應奎는 5살 때 어머니를 잃고, 6살 때 아버지를 잃은 후 김천 직지사로 출가했다. 야설에 따르면 어린 나이에 부모를 잃고 출가하자 걱정이 되었던 누이도 함께 출가했다고 한다.

밀양에서 김천으로 가는 동안 또 다른 2명의 여인이 임응규의 풍채와 모습에 반해 함께 스님이 되었는데, 그의 곁에는 늘 비구니 셋이 따라 다녔다고 한다. 그 바람에 직지사에서 쫓겨나는 속환俗還 처분을 받았다는 이야기도 전해지는데 이는 어디까지나 야설에 불과하다.

승려가 된 임응규는 묘향산 보현사의 휴정 서산대사를 찾아가 제자가 되었고, 자신은 사명대사가 되었다. 이후 임진왜란이 일어나고 전국에서 백성들이 유린당하자 "내 나라 내 민족이 없으면 부처가 되어봐야 무슨 소용이 있는가."라며 승병을 모집한 후 동에 번쩍, 서에 번쩍 하며 왜군을 격퇴했다.

임진왜란이 끝나고 나서는 선조의 부름으로 1604년 일본에 사신으로 떠났다. 여기에 또 전해오는 이야기가 재미있다. 일본에서도 이미 사명대사의 존재는 잘 알려져 있었던 터라 교묘한 수법으로 그를 살해할 계획을 세웠다는 것이다.

처음에는 깍듯하게 모시며 대접했지만 일본 측은 대사가 잠자리에 들자 밖에서 철문을 잠그고 집에 불을 질렀다. 이미 낌새를 눈치챈 대사는 조금도 동요하지 않고 '얼음 빙※' 자를 써서 깔고 앉아 있었다. 완전히 타 죽은 줄 알고 문을 연 일본인들은 수염에 고드름이 주렁주렁 달린 채 앉아 있는 대사를 보고 그 자리에서 무릎을 꿇었다고 한다. 적진에 들어가 강화조약의 주도권을 잡은 대사는 임진왜란 때 잡혀온 조선인 3천 명을 데리고 귀국하는 공을 세워 선조에게 최고의 칭송을 받는다.

대사는 귀국하자마자 묘향산을 찾아 입적한 스승 서산대사의 영전에 명복을 빌고 노후의 안식처를 찾아 가야산 해인사로 들어왔다. 옛날 고승들은 자신이 마지막으로 지낼 곳의 사찰을 찾아 기거하곤 했다. 이 땅은 통일신라 말엽 풍수의 대가 도선국사도 탐낸 곳이며, 예부터 십승지마을로 주목받아온 합천 가야 만수동 일대다.

사명대사는 해인사 옆 진대밭골에 은거하며 수도하다 결국 병환으로 1610년 8월 26일에 입적했다. 후에 국왕은 '자통홍제존자慈通弘濟尊者'라는 시호를 내렸고 '크게 나라를 구한다'는 뜻을 담은 '홍제'를 따와 이 암자를 '홍제암'이라고 불렀다.

대사 입적 2년 후(1612년) 허균이 비문을 짓고 한석봉이 글을 쓴

임진왜란 때 왜구 적장의 간담을 서늘하게 한 사명대사의 업
적비와 부도

비석을 세워 그 공을 기렸다. 이 비문에 사명대사와 가토 기요마사
의 담판 내용이 담겨 있는데, 1943년 일제강점기 때 일본인 합천경
찰서장 다케우라가 이 비석을 찾아내 민족혼을 말살하려고 부쉈다.
이때 명을 받고 깨뜨린 한국인은 사흘 만에 왼쪽 눈이 실명했고, 다
케우라는 통영으로 좌천된 후 일주일 만에 죽었다고 전해진다.

네 조각이 난 채 나뒹굴던 비석은 1958년 해인사 정동원 총무스
님이 붙여 다시 세웠고 지금도 그 흔적이 뚜렷하다. 이 비석 옆에는
같은 모양의 비석을 하나 더 세워 부쉬진 대사의 비석에 대한 설명
을 기록해놓았다. 이 비석군 뒤쪽 산기슭으로 약 50m 오르면 사명
대사의 부도가 처연하게 자리하고 있다.

홍제암 본체 건물은 특이한 '공자형工字型' 건물로 대사가 거처했던 방과 마루인 홍각, 그리고 영정이 있다. 사명대사의 유물 등 대부분은 입적 100년 후 같은 밀양 출신의 태허스님이 모두 밀양으로 가져가 표충사에서 보관하고 있다.

지금도 수많은 일본인들이 사명대사를 기억하고 있다고 한다. 홍제암의 큰스님은 요즘도 일본 관광객이 해인사에 많이 오는데, 홍제암에 들러 사명대사 이야기를 들으면 깜짝 놀라 합장하며 경의를 표한다고 한다. 심지어 일본 모처에서도 사명대사를 기리는 사람들이 많다고 한다. 기골이 장대하고 담력 있는 대사를 존경하는 사람들이 있다는 것이다. 홍제암 큰스님은 지금도 매년 음력 8월 26일 사명대사의 기일을 맞아 그의 뜻을 기리고 있다.

합천의 힐링 포인트

해인사 & 소리길

신라시대에 화엄십찰의 하나로 세워진 사찰로, 팔만대장경을
보유한 한국 불교의 성지다. 주변에 암자만 해도 15개가 넘는
대단위 규모의 사찰이다. 해인사 앞에 흘러내리는 계곡을 따라
해인사 소리길을 걷노라면 새소리, 바람소리, 물소리와 함께 세
월 가는 소리도 들을 수 있다.

가야산

조선 8경의 하나라 부를 만큼 아름다운 산으로 현재 국립공원
으로 지정되어 있다. 오묘한 산세는 수많은 계곡을 빚어내 휴
식을 즐기려는 사람들의 사랑을 받고 있다. 눈 덮인 정상의 암
벽은 작은 히말라야를 보는 듯 아름답다. 산 정상의 마르지 않
는 샘 우비정이 신비로움을 더해주고 있다.

합천 영상테마파크

1920~1980년대의 잊혀졌던 시대를 복원해놓은 촬영 세트장
으로 국내 최대 규모를 자랑한다. 영화 〈태극기 휘날리며〉, 〈써

니〉, 드라마 〈에덴의 동쪽〉, 〈경성스캔들〉, 〈서울 1945〉, 〈각시탈〉 등이 이곳에서 촬영되었다. 암울했던 시대의 모습을 통해 잠시 역사 속으로 여행을 해볼 수 있다.

황매산

봄에는 철쭉, 가을에는 억새동산으로 유명한 황매산은 남녀노소를 막론하고 산을 즐기기에 안성맞춤이다. 산 정상 부근에 오토캠핑장이 있는 것도 매력 포인트다. 또한 모산재 쪽은 기암괴석과 수많은 이야기를 안고 있어 산을 올라도 힘이 솟아나게 한다.

합천 황토한우

합천 황토한우는 육질이 부드럽고 향미가 뛰어날 뿐만 아니라 입 안에서 스르르 녹는 맛을 즐길 수 있다. 전 두수를 혈통 관리해 우량혈통을 유지하고 있다.

합천의 또 다른 먹을거리

가야산의 정기를 먹고 자란 산채와 토종 돼지국밥이 유명하다. 가야, 야로면의 돼지고기는 예부터 전국의 국밥집으로 팔려 나갈 정도로 유명하다. 합천 막걸리와 밤묵, 민물매운탕, 메기찜, 합천한과 등도 이 고장을 대표하는 음식이다.

십승지마을 탐방, 그 긴 여정을 마치며

오늘날 도시생활에 찌든 사람들은 아름다운 경치를 즐길 수 있는 아늑하며 조용한 곳으로의 여행을 꿈꾼다. 며칠 푹 쉬면 몸과 마음이 정화될 것만 같아서다. 그래서 여유만 되면 그런 곳으로 발걸음이 향한다.

시골, 아니 오지를 마다 않고 여행하는 필자는 서울 같은 도시에서 흐르는 시간보다 한적한 시골에서 흐르는 시간이 더 느리게 간다고 느낀다. 쏜살같이 빠르게 지나가는 시간에 누구나 인생의 덧없음을 토로하고, 먹고살 돈만 있다면 당장 서울을 떠나 시골 어느 좋은 곳에 가서 신선놀음이나 하며 살고 싶어 한다. 실제로 행동에 옮길 수 있을지는 모르겠지만 말이다.

천국과 같은 생활을 하려면 우선 시간이 느리게 흘러가야 한다. 황홀한 휴가를 마친 사람이 다시 일상으로 복귀할 때 '꿈같던 휴가가 눈 깜빡할 새 지나갔다.'라고 생각하는 것은 이미 일상으로 돌아왔기에 느끼는 아쉬움일 것이다. 휴가지에서는 분명 달콤한 시간을 보냈으니 말이다.

오늘날 사람들의 최대 화두는 건강하게 사는 것이다. 여기에는 몸의 건강은 물론 정신적인 건강도 포함된다. 이와 맞물려 가는 것이 힐링이다. 그리고 나이보다 젊게 가꾸고 행동하며 사는 게 모든 사람들의 관심사가 되었다.

부모 세대, 즉 지금의 노년층은 자신의 몸이 망가져도 자식에게 투자했지만 요즘은 자신에 대한 투자가 우선이다. 미용에 관심이 많고 늘 어딘가 여행하기를 갈망한다. 마음 한 구석에는 어딘가에 있을지도 모르는 막연한 낙원에서의 생활을 품고 산다.

그렇다면 진정한 낙원은 있는가? 있다면 어디에 있을까? 어디에 있는지 알 수만 있다면 이미 누군가는 발을 들여놓았을 것이다. 그러나 이 낙원과 천국은 결국 마음속에 있다. 내세관을 믿는 사람은 물론 사후에 갈 수 있을지도 모르겠다. 하지만 그 어떤 천국도 이 지구 상에서는 그 실체로 존재한다기보다 어떻게 생각하고 받아들이느냐에 달려 있다.

남태평양의 그림 같은 섬이 지상의 낙원이라면, 거기서 평생 행복하게 무엇이든 향유하며 살 수 있어야 한다. 하지만 그곳에 데려다 준들 과연 그런 삶을 지속할 수 있을까? '첫눈에 낙원'일 뿐이다. 그곳에서도 내가 땀 흘려 일하지 않으면 의식주가 해결되지 않는다. 그래도 천국일까? 가장 중요한 것은 어디에 있을지 모를 낙원을 찾는 것보다 누구나 갖고 있는 마음속의 낙원, 그것을 찾을 때야말로 진정한 행복을 찾은 게 아닐까. 욕망을 살짝 내려놓을 때 그곳에 한 발 더 다가설 수 있다.

영국의 작가 제임스 힐턴James Hilton이 1933년에 발표한 『잃어버린 지평선Lost Horizon』은 티베트 히말라야 산속에 라마교 사원이 있는 마을을 무대로 그린 소설이다. 제1차 세계대전 무렵 4명의 서양인이 탄 경비행기가 그곳에 불시착(사실은 의도된 납치)하는 바람에 고립된 세상에 갇혔고 그곳에서 겪는 생활을 묘사하고 있다. 그곳은 외부 세계와 철저하게 차단된 지형으로 아름답고 평온하며 늙지도 않는 신비한 세계다. 그야말로 낙원이다.

이 소설에 등장한 미지의 땅이 전 세계 관광객들로 인해 소위 대박이 났다. 중국은 티베트와 가까운 윈난성의 디칭 티베트족 자치주를 2001년 이상향으로 삼아 '샹그리라香格里拉'라는 마을로 탄생시킨 것이다. 샹그리라는 티베트어로 '마음속의 해와 달'을 뜻한다. 해발 3,500m의 고산지대에 눈 덮인 산, 계곡, 호수, 울창한 숲으로 이루어진 오지인 이곳은 전 세계적으로 '유토피아'의 대명사가 되었다. 세계적인 베스트셀러가 된 소설 속 무대로 설정된 곳이기도 하지만,

무엇보다 '실존하는 이상향으로의 여행'을 갈망하는 사람들은 오늘날에도 전 세계에서 넘쳐나고 있음을 알 수 있다.

우리의 십승지마을도 자연을 해치지 않고 특수성을 살려 건설로 이용할 수 있다면 새로운 동력이 될 수 있을 것이다. 이 천혜의 청정지역을 선용할 수 있는 방법은 여러 가지로 생각해볼 수 있다. 이미 경상북도 봉화군 춘양 십승지마을에는 국립 백두대간수목원이 친환경적으로 건립되었다. 또한 전라북도 남원시 운봉 십승지마을에서도 지리산 허브밸리를 대규모로 조성했고, 강원도 영월군에서는 십승지 연하계곡 치유명당마을을 조성했다. 이렇듯 십승지마을은 저마다 힐링 명소로 육성해, 일상에 지친 사람들을 치유할 수 있다고 외치고 있다.

환경을 해치지 않고 그 지역의 콘셉트에 맞게 선용한다면 국민이 갈망하는 건강한 휴식처로의 기능을 다하는 십승지마을로 재탄생하는 계기가 될 것이다. 이와 관련해 전국 십승지마을 읍면장회의도 정부의 지원 아래 최근 공식적인 활동에 들어갔다. 정기적인 교류를 통해 청정농산물 개발과 휴식처, 십승지마을 투어 등 다양한 사업 발굴 및 십승지마을 홍보에 힘을 쏟고 있다.

우리의 십승지마을도 이젠 은둔·도피의 정감록에서 벗어나 21세기 청정 힐링의 고장으로 발돋움하며 국민들을 품는 명소로 부각되길 기대해본다.

십승지마을 탐방에
도움말 주신 분들

경북 영주 풍기

김주영 영주시 시장
박남서 영주시의회 의장
이화준 영주시 기획감사팀장
조진성 영주시 풍기읍 읍장
윤정대 영주시 풍기읍 원로
황병태 영주시 풍기읍 백일리 이장
송세영 풍기인견발전협의회 회장

경북 봉화 춘양

서헌수 (사)봉화숲해설가협회 회장 겸 춘양이장협의회장
이문학 향토사학자 겸 봉화군청 주민복지과 계장
권헌문 봉화군 춘양면 부면장

강백기 봉화군 춘양면 만산고택
홍원표 봉화군 춘양면 도심리 원로

충북 보은 속리산

배상록 보은군 속리산면 면장
정석구 보은군 문화관광해설사
김예응 보은군 문화관광해설사
유재관 보은군 문화관광해설사

전북 남원 운봉

이영진 남원시 운봉읍 향토사학 연구가
김희옥 남원시 운봉읍 읍장
양재우 남원시 운봉읍 사무소
박용섭 남원시 원예허브과 과장
양인환 남원시 문화관광과 계장
김현욱 남원시 문화관광과
이정화 남원시 문화관광해설사
최명순 남원시 문화관광해설사
김남규 전주시의회 의원
김명례 전주시 문화관광해설사

경북 예천 금당실

김한기 예천군 용문면 면장
박주상 예천군 용문면 부면장
박희식 향토사학 연구가·예천군 문화관광해설사
박용성 예천군 문화관광해설사
정재윤 삼강리 이장·예천군 문화관광해설사

충남 공주 유구·마곡

박상원 공주시 유구읍 읍장

이희성 공주시 유구읍·풍수연구가

주진영 공주시 관광과 계장

안영순 공주시 문화관광해설사

홍정희 공주시 문화관광해설사

오　룡 공주시 유구읍 본각사 스님

강원 영월 정동 등

이석준 영월군 영월읍 읍장

엄기평 영월군청 문화관광과 계장

김월경 영월군 김삿갓면 와석리 이장

김원식 영월군 문화관광해설사

정주홍 영월군 문화관광해설사

최상락 영월군 문화관광해설사

김성규 영월군 김삿갓면 와석리 원로

김형주 영월군 영월읍 연하리 원로

전북 무주 무풍

최연표 무주군 설천면 삼공리 별미가든 대표

박갑용 무주군 무풍면 면장

김홍기 전라북도 체육회 고문·전 전북도의원

이대석 무주군의회 의원

이석하 무주군 무풍면 전북동로회(무풍교회 장로)

박창하 무주군 무풍면 증산리 원로

이부영 무주군 문화관광해설사

오석환 무주군 무풍면 주민

전북 부안 변산

김경성 부안문화원 사무국장
한 홍 부안군 부안읍 읍장
김양석 부안군 변산면 부면장
이지영 부안군청 문화관광과
김유경 부안군 문화관광해설사

경남 합천 가야

정인룡 합천군 관광개발사업단 단장
손홍배 풍수연구가·합천군 문화관광해설사
종 성 합천 가야산 홍제암 큰스님
길상화 합천 가야산 홍제암 보살
이동실 합천군 문화관광해설사

기타

그 외 이름을 다 밝히기 어려운 각 지역 마을의 원로분들

* 상기 소속 및 직위 등은 2013년 기준

참고문헌

『최창조의 새로운 풍수이론』(최창조 지음, 민음사, 2010)

『잃어버린 지평선』(제임스 힐턴 지음, 문예출판사, 2013)

『낙원』(마노 다카야 지음, 들녘, 2000)

『택리지』(이중환 지음, 사단법인 올재, 2013)

『삼국사기』(김부식 외 지음, 한국인문고전연구소 편, 2012)

『삼국유사』(일연 지음, 한국인문고전연구소 편, 2012)

『민족종교의 모태 정감록』(양태진 지음, 에나루, 2013)

『정감록』(김수산·이동민 지음, 명문당, 1991)

『정감록 해설』(박첨지 지음, 명문당, 1994)

『백범일지』(김구 지음, 혜원, 2009)

『허생전』(박지원 지음, 푸른생각, 2013)

『매창전집』(부안문화원 지음, 신아출판사, 2010)

『신운성지』(신운성지 편찬위원회 지음, 이회문화사, 1997)

『한 권으로 읽는 조선왕조실록』(박영규 지음, 들녘, 1996)

『한비자』(왕굉빈 지음, 베이직북스, 2012)
『국문학자료사전』(이응백·김원경·김선풍 지음, 한국사전연구사, 1998)
『속리산 법주사』(철운 지음, 벽계수, 2013)
『한국민족문화대백과』인터넷판

조선의 유토피아 십승지를 걷다

초판 1쇄 발행 2019년 5월 1일

지은이 남민

펴낸곳 믹스커피

펴낸이 오운영

경영총괄 박종명

편집 김효주·최윤정·채지혜·이광민

마케팅 안대현

등록번호 제2018-000058호(2018년 1월 23일)

주소 04091 서울시 마포구 토정로 222 한국출판콘텐츠센터 306호(신수동)

전화 (02)719-7735 | **팩스** (02)719-7736

이메일 onobooks2018@naver.com | **블로그** blog.naver.com/onobooks2018

값 15,000원

ISBN 979-11-89344-76-4 03900

이 도서의 국립중앙도서관 출판예정도서목록(CIP)은 서지정보유통지원시스템 홈페이지(http://seoji.nl.go.kr)와 국가자료공동목록시스템(http://www.nl.go.kr/kolisnet)에서 이용하실 수 있습니다.(CIP제어번호: CIP2019011149)